聴く力
伝える技術

人間関係の誤解を解く
メディエーションの極意

NPO法人 日本メディエーションセンター 代表理事
JMC研究所所長

田中 圭子 著

日本加除出版

推薦のことば

　家族問題や会社などで起こる複雑な人間関係は，時として苛烈な争いに発展することがある．もめごとは，日常的に発生し，様々な葛藤や悩みをもたらすが，近年，それらのもめごとに対し「市民による市民のための紛争解決・支援」を行うメディエーションが注目を浴びている．

　田中氏は，英米のメディエーションの理論や方法を現地で学び，豊富な経験を積んできたメディエーショントレーニングの第一人者である．同氏は，メディエーションを通じて本人同士が自らの力で解決を見出だす支援をしており，日本にメディエーションを浸透させる活動を行う傍らで，今回，更なる制度の活用のために本書を執筆した．

　第一部では，どうしてもめごとが起こるのかということから，当事者の背景や気持ちを表面化させ，メディエーションを進めていくための具体的なプロセス，スキル，フォローアップまでを丁寧に解説している．また，第二部での事例編では，私たちが身近で起こりうるよくある事例を掲げ，それらの問題解説までをメディエーションを通じて易しくひもといている．

　本書によって，紛争解決におけるメディエーションスキルの会得ができ，人間関係の調整に悩み，もめごとや葛藤にかかわっている方々が，納得いく問題の解決ができることを期待し，ここに推薦する次第である．

2012年7月

　　　　　　　　　　　桐蔭横浜大学学長，中央大学名誉教授，
　　　　　　　　　　　司法アクセス学会会長，元仲裁ADR法学会会長

　　　　　　　　　　　　　　　　　小　島　武　司

まえがき

　「うちのおばあちゃんが何か布団ばっかり買ってる」「最近，家に見ず知らずの人が出入りして，うちの父が騙されていろいろ買わされている」
　国民生活センターで非常勤として研修の企画や運営をしていた当時の私は，こんな話を伺う度に葛藤していました。ご家族が心配して相談してきているのは分かるけど，ご本人はどのように思っているんだろう？　どうしてご本人からの相談電話はかかってこないんだろう。家族との関係については研修には盛り込めないのだろうか。
　「うちの息子より，よっぽど○○会社の××さんの方が話を聞いてくれたし，親切なんですよ。私は騙されてなんかいないです」ご本人はそうおっしゃいます。
　消費生活問題にかかわっているうちに，多くの問題の背景には家族問題や人間関係がかかわっていることが私の中で見え始めました。もちろん，ご本人の状況に付け入って悪徳な商売をする問題には，正面から対処しなければならず，各地の消費生活センターの相談員さんに向けて，そういった法的な対処のための研修の企画や運営を行うことが必要だということは間違いありません。しかし，もっと根っこの問題，つまりご高齢のご本人とご家族との関係など，ご本人がどうしてそういったことをしているのか，そして将来どうしたいのかというところを解決しなくては，同じことが何回も起こってしまうのではないか。当時，それが私の大きなジレンマだったのです。
　そんな葛藤をかかえた中で出会った考え方がメディエーションでした。メディエーションに出会ったときの衝撃は今でも忘れられません。自分の気持ちや事情を考えながら，そして相手との違いを認めようとする中で，自分たちの将来への解決を一緒に見つけていける方法がこの世の中にあり，それが欧米を中心とした世界では活用されてきているということを知るにつけ，日本にもこれを根付かせたいと思い始めたのです。その後司法改革

まえがき

などを通し同じような葛藤を持つ仲間たちと「ご本人や周りの家族が満足し，納得いく問題の解決方法は何だろう？」ということを探るうちに，NPO法人日本メディエーションセンター創設にいたりました。

当時，メディエーションは海外に直接行って研究をすることでしか実態が分かりませんでした。そのため足しげく海外に通い，インタビューや現地での研修，そして実際に事務所でスタッフとしてかかわらせていただきながら学ばせていただくことになりました。多くのみなさんにご支援いただきながら，私がたどり着いたのがイギリスのメディエーションだったのです。学生時代に短期間ではありましたがロンドンにいたこともあり，日本と同じ島国であるイギリス人の国民性や，彼らのホスピタリティと隣人を大切に思う気持ちに深く共感していたことも理由の一つだったかもしれません。そして，メディエーション先進国のアメリカからメディエーションの理論や方法を輸入しつつ，それを生活に適用しながら改善していく彼らの情熱は，私に多くの示唆を与えてくださいました。

特にイギリスの民間団体であるMediation UKは日本の，しかもまだまだメディエーションについて駆け出しの私を歓迎し，温かく受け止め，様々な情報提供と，仲間を紹介してくださり，そのネットワークは今もなお，私を支えてくださっています。当時のMediation UKは216のコミュニティメディエーション組織を総括する団体として，トレーニング，スーパーバイザーの育成，メディエーションのためのロビー活動，会員メディエーション組織への苦情受付（そして，そのメディエーション），イギリスのADR認証であるQuality Mark Standard for Mediationの付与と多岐にわたる活動を行っていた団体でした。トレーニングも含めMediation UKを訪問するうちに，"Training Manual in Community Mediation Skills"のマニュアルとビデオの翻訳権を2005年に私がいただくことになりました。しかし残念なことに2006年10月，Mediation UKは自主解散し，現在は販売中止となりました。

"Training Manual in Community Mediation Skills" とビデオはFacilitative mediation（促進的なメディエーション）のトレーニングのマ

まえがき

ニュアルとビデオがセットになっています。トレーニングで使われる教材やエクササイズのマニュアル，そしてその時，配布できるような資料のセットです。翻訳権をいただいてから何度も読み返し，参考にしてきました。ご依頼を受けたトレーニングでも一部翻訳した上で，利用してきました。しかし，このマニュアルの内容が，実際に実感を持って分かるようになったのは最近なのかもしれません。実際にクライアントさんにかかわらせていただき，多くの方々とのトレーニングをさせていただく中で感じた課題や葛藤，特にメディエーションが設定されるまでのプロセスやスーパービジョンは，経験を積んだ今だからこそ実感として深く読み込める部分でもありました。本書を出版するまでには，私にはこの年月が必要だったのだと，執筆をする中で改めて実感することになりました。

今回本書ではこのマニュアルの中から，今のわが国でのメディエーションを一緒に考えていく上で必要な部分を一部抜粋し翻訳引用しました。Mediation UKの原本はプロのメディエーターをトレーニングするためのものですが，本書は，メディエーターでなくとも，日常的に，人と人，そしてもめごとや葛藤にかかわっているような方々に読んでいただけるような形をとりたいと思って手がけました。そのため特に，翻訳に際し，一部のメディエーションの専門用語的に認識されているいくつかの用語の日本語訳について検討を試みてみました。たとえばメディエーションの考え方，特に本書でとりあげている話し合いを促進する形のメディエーションで核となるイシュー，ポジション，インタレストなどといった用語です。今回の日本語訳で気をつけたのは，イギリスのメディエーターや日本でメディエーションに関心を持っていらっしゃる方たちとかかわる中で違和感を感じたり，悩んだ言葉が中心になっています。

司法改革，特にADRがわが国に紹介されてから，メディエーションに興味を持ち，組織としてメディエーションに向かいあっている方，そしてメディエーションに興味を持ち始めている方，会社や組織の中で人間関係の調整に悩んでいる担当者，学校で学生同士などの調整役を担っている方，子供のけんかに直面するご家族など，今現在，対立というには大きくはな

まえがき

いけれど，ちょっとしたボタンの掛け違いや人間関係に，メディエーター的な役割として，あるいは偶然に立場や職務としてかかわる方はたくさんいらっしゃると思います。そういう皆様にも読んでいただけるにはどうしたらよいのかというのが，本書の企画の原点でした。

私がメディエーターを始めたころ，なかなかメディエーションが日本に浸透しきれないことに不安を抱き，また無力な自分に落胆した時がありました。そんな時，イギリスで最初からお世話になっているメディエーターで，かつ私のスーパーバイザーに次のように言われたことがあります。

「蜘蛛の巣みたいに人と人がつながって，知らない間にいろいろな人がつながっていくよ。だからそこに自分から飛び込んでごらん。そしたら自然につながっていくよ。そして，自分が真剣に取り組んでいれば，それは自分で気づかないうちにドンドン大きくなっているんだ。雪ダルマを作る時を思い出してごらん。小さな雪の固まりをゴロゴロゴロゴロ転がしているうちに，自分では気づかないうちに大きな雪の玉になってるだろう。だからまず，やってごらん」

東洋から飛び込んだ見ず知らずの私を大きく受け止めてくれたイギリスの友人たち，そして日本でメディエーションに情熱を傾けているみなさんとのつながりと温かいご支援，そして人と人との間で悩み，共に考えようとしている人が，ここ数年でドンドンつながっていきました。

本書が，これからの皆さんがますますつながっていくヒントになっていくことを願いながら，本書をすすめていきたいと思います。

2012年7月

NPO法人日本メディエーションセンター代表理事
JMC研究所所長

田 中 圭 子

第1編　総論編

第1章　メディエーションとは ——————————————— 1
　1　どうしてもめごとは起こるのか ………………………………… 1
　2　坊主憎けりゃ袈裟まで憎い（人ともめごとを区別する）……… 2
　　　事例　男性の上司が女性の部下の服装をほめたことをきっか
　　　　　　けにギクシャク ……………………………………………… 3
　3　メディエーションとは ……………………………………………… 15
　4　大切だと思っていること（インタレスト）とお互いの満足…… 22

第2章　メディエーションのプロセス ———————————— 26
　1　メディエーションのプロセス ……………………………………… 26
　2　それぞれのプロセスで行われることと解決策 ………………… 34

第3章　メディエーションのそれぞれのステージ ———————— 37
　1　ステージ1　片方の当事者（Aさん）と最初のコンタクト …… 37
　2　ステージ2　もう一方の当事者（Bさん）との最初のコン
　　　　　　　　タクト ………………………………………………… 46
　3　ステージ3　AさんBさんがお互いの意見や気持ちの衝突
　　　　　　　　に向き合う準備をする ……………………………… 50
　4　ステージ4　両者との話し合いの席でAさんBさんそれぞ

目　次

　　　　　　　　　　れの課題をお互いに聴く ……………………………… 61
　　5　ステージ5　メディエーターとAさんBさん，参加者全員
　　　　　　　　　　がそれぞれの課題について一緒に考えていく …… 74
　　6　ステージ6　合意を一緒に創っていく ……………………… 102
　　7　ステージ7　終了とフォローアップ………………………… 112

第4章　各ステージの展開 ―――――――――――――― 115

第5章　メディエーションのスキル ――――――――― 123
　　1　聴く ……………………………………………………………… 124
　　　　①共感する　*124*　②非言語　*125*　③繰り返し　*126*
　　　　④言い換え　*127*　⑤話し手が同じ話ばかり繰り返す　*129*
　　2　質問する ……………………………………………………… 129
　　　　①閉じた質問　*129*　②疑問詞を使った質問　*130*
　　　　③開いた質問　*130*
　　3　要約する ……………………………………………………… 132
　　4　リフレーミング（話し手が意味する焦点を明確にする言い
　　　　換え） ………………………………………………………… 133

第6章　コミュニケーションとメディエーションスキル ― 139

第7章　メディエーターに必要な体制や考え ――――― 148
　　1　スーパービジョン ………………………………………… 148
　　2　転移と逆転移 ……………………………………………… 148
　　3　デブリーフとスーパービジョン ………………………… 149
　　4　スーパービジョンの順序，その必要な工夫 …………… 157
　　5　メディエーターや支援者が安心できるシステム
　　　（特に訪問支援：アウトリーチの場合） ………………… 158

第8章　おわりに ―――― 160

第2編　事例編

事例1　ある日のオフィスで ―――― 163
〜課長補佐の男性と派遣社員の女性の「お茶くみ」をきっかけにしたギクシャク
  1　事例紹介 ―――― 163
  2　各ステージの展開 ―――― 165

事例2　ある病院の院長室で ―――― 175
〜離婚後の元夫（病院理事長・院長）と元妻（病院理事）の病院経営をめぐるいざこざ
  1　事例紹介 ―――― 175
  2　各ステージの展開 ―――― 178

事例3　ある日の打合せ中 ―――― 187
〜父（会長），長男（社長），二男・三男・四男（取締役）の家族経営和菓子屋の，会社経営をめぐるいざこざ
  1　事例紹介 ―――― 187
  2　各ステージの展開 ―――― 192

事例4　ある日の昼下がり ―――― 201
〜姑と息子夫婦の「孫の七五三」をきっかけにしたギクシャク
  1　事例紹介 ―――― 201
  2　各ステージの展開 ―――― 203

事例 5　ある日の学校で ─────────── 212
～担任教師と保護者の「真面目」「引っ込み思案」捉え方のギクシャク

　　1　事例紹介 ·· 212
　　2　各ステージの展開 ·· 216

第 3 編　資料編

　資料 1　協同メディエーター ··· 225
　資料 2　ピアメディエーションとピアサポーター ··················· 229
　　　　　事例　高校 2 年生男子生徒同士の「待ち合わせに遅刻」
　　　　　　　　をめぐるケンカ ·· 230
　資料 3　コンタクトをとる際の諸注意 ·································· 239
　資料 4　Meadiation UK 作成の映像資料から ······················· 245
　資料 5　翻訳用語一覧 ·· 264

第1編
総論編

　メディエーションを考えていく上で，もめごとの中で起こっているコミュニケーションについて考える必要があります。
　当事者の方たちが本当に大切に思っていることの背景では，いったいどのようなことが起こっているのでしょうか。そして，それぞれの気持ちやそれ以外の様々なことが表面化する中で，メディエーションを進めていくためのプロセス，スキル，フォローアップを考えてみましょう。

第1章 メディエーションとは

❖1 どうしてもめごとは起こるのか

まず，図1を見てみましょう。

黒いところを見ると人が向かいあって見える。そして白いところを見るとグラスに見える。どちらも正しいです。人は見方によって見え方が違ってきてしまいます。もしかしたら，同じ一人の人の中でも，同じ光景がある時はグラスに見えたり，あるときは人が向かいあって見えたりしてしまう，そんな葛藤を抱えて

「ルビンの杯」
●図1　コミュニケーションのずれ

いる時があるかもしれません。気持ち次第で見方が変わってしまうときもあります。

そんなとき，グラスにしか見えない人が，「人が向かいあっているでしょ‼」と決め付けられたらどんな気持ちがするでしょうか。「グラスに見えないあなたが悪い‼」と怒りを爆発して相手を責めてしまう場合もあるでしょう。また，「自分はグラスにしか見えないのにどうしてそんなに怒るんだろう……，自分だけがいけないの？」と落ち込んでしまう場合もあるでしょう。

コミュニケーションは自分が発信する信号を相手が受信して解読する作業の連続になります。しかし発信する信号は発信する人自身の体験や経験から出てくるものです。その一方で解読する側は自分の体験や経験から送られてきた信号を解読することになります。人がそれぞれ異なる限り，発信する側の信号を受信する側がいつも同じように解読することのほうが少ないかもしれません。

もめごとが起こっている場合も同様です。特に「売り言葉に買い言葉」的に言葉が行きかっている時には，表面的な言葉にのみ焦点が当たり，言葉が発せられている「その人自身」に焦点が当たらなくなってしまうのです。そして，残念なことに，お互いに違うものが見えている二人には，その違いが見えにくくなってしまうのも事実です。その場合，誰かが第三者としてお互いにどのように見えているのか，そして本当はどのように思っているのかをそれぞれに考えることを助けていくのがメディエーションを行うときのメディエーターの役割になっていきます。

2　坊主憎けりゃ袈裟まで憎い（人ともめごとを区別する）

　これから，一つの事例をとおし「メディエーションとは」ということについて説明していきます。登場人物は，同じ会社の同じ部署で働く上司の菅原さんと部下の桜井さんです。ある日の何気ない会話をきっかけに二人の関係は，ぎくしゃくしてしまいます。そうなってしまったのはなぜか。メディエーションの進め方に沿って，それぞれが抱える事情や背景について考えてみましょう。

2　坊主憎けりゃ袈裟まで憎い（人ともめごとを区別する）

事例　ある日のオフィスで
～服装をほめてみたら……～

マルユウ食品　営業部

菅原　文夫さん
（副部長）男性　55歳

桜井　美子さん
一般社員　女性　28歳

> **菅原さん**　今日の服は落ち着いた感じでいいね。
> **桜井さん**　そうですか。ありがとうございます。でもちょっと地味すぎですよね。っていうか，少し古い感じしませんか？
> **菅原さん**　そんなことないよ。この前，コトブキ商事さんがこちらに来たときに，君に担当してもらったときは，ちょっとヒヤヒヤしたけど，そういうのならいつでも大丈夫だ。
> **桜井さん**　そ，そうですか。前は制服あったんですよね。
> **菅原さん**　そうなんだよな。女の子は制服だったから，きちんとしてた感じだな。
> **桜井さん**　きちんとって……，今は私服だからどんな感じでもいいのですよね？
> **菅原さん**　そうだね。常識的な範囲ならいいのだけど
> **桜井さん**　（常識って言われても……，私は非常識なの？）

❖ 概　要

　菅原さんと桜井さんは，マルユウ食品営業部の所属。
　桜井さんは入社2年目。主に営業のサポート業務を行っている。仕事も慣れてきて，今年入ってきた新人の教育担当も任された。
　菅原さんは桜井さんの入社当時からの様子をみていて，娘のように感じ

3

第1章 メディエーションとは

ている。

　最近桜井さんの服装のことをほめたことがある。そのころだろうか，どうも彼女と彼女の周りの女性職員との関係がうまくいっていないように感じる。

　3か月前に会社の慰安旅行があったが，菅原さんは女性社員に「菅原副部長は古いですよね〜」と冗談で言われたが，意味が分からなかった。

　他の男性職員も意味が分からず，心配のようだ。部長からも「大丈夫か？」と声をかけられた。

　新たなプロジェクトも来月から始まる。そのためにも，今は部内をまとめていく必要があり，メディエーションを申込んだ。

菅原文夫さんの事情

- 桜井さんのことは，彼女の同期入社の中でも一目置いていて，将来の有望株だと思っている。
- しばらく前のことだが「今日の服装は落ち着いていていいね」とほめたことがあった。
- 以前はちょっと派手な服装もあり，ヒヤヒヤしたときもあったが，その日は落ち着いていた。
- その日は，ちょうどクライアントとのミーティングで，その服装なら会社の顔として自分としても自信をもってクライアントに紹介できた。
- 女子社員の制服があったときはこんな気苦労もしなくて良かったのにと正直思うときはある。
- 新規プロジェクトが始まり，よりいっそう彼女に期待している。
- 彼女ならリーダーシップもあるので，他の女子社員の調整もできるもの

2 坊主憎けりゃ袈裟まで憎い（人ともめごとを区別する）

と思っている。
- 自分はこの会社にずっと前からいるので，会社のことを思う気持ちは人一倍強いと思う。
- まずはプロジェクトを成功させたい。
- 定年まで，あと5年，今後は若手の育成という点でも力を注いでいきたい。

桜井美子さんの事情

- 菅原さんには入社当時からいろいろお世話になっていて，尊敬している。
- そんな菅原さんに「今日の服装は落ちついていていいね」と先日言われた。
- そのあと「前にクライアントさんにあったときはヒヤヒヤしたけど，今日の服装ならクライアントさんに自信をもって紹介できる。常識的でいいね」と言われた。
- 自分としてもそこまで派手な服装をした記憶がなく，前の時がいつのことが分からないが，菅原さんの常識的というのがどの程度のものなのかも分からなかった。
- 昔みたいに，制服にしてもらったほうが自分も楽だと思うこともあるので，周りの女子社員に相談したところ，「それは古い」「そんなの嫌だ」と反対を受け，その話は菅原さんにはしなかった。
- 最近菅原さんと前のように話をできないのはどうしてだろうと悩んでいる。
- クライアントさんとの関係もうまくいっているし，新規プロジェクトは成功させたい。

(1) トリガー

　この事例では菅原さんの「今日の服は落ち着いた感じでいいね」という一言がきっかけとなり、それぞれの事情や感情が表面化していくことになります。メディエーションのトレーニングは、そのようなきっかけのことを「トリガー（引き金）」といいます。

　その背景には、そこに至るまでの経緯があります。

　図2を見てみましょう。このとき桜井さんに何が起きたのでしょうか。抱えたもやもやした思いが膨らみ、桜井さんにとって「菅原さん」という人の問題なのか、「最近どうも菅原さんとうまくいっていないような気がする」といったプロセスの問題なのか、「服装」といった事柄的な問題なのか、何が問題だったのかが見えなくなってしまいました。これら3つが桜井さんの中に同時に起こっていることです。一方、菅原さんにとっても同様のことが起こっています。つまり、服装といった問題が表面化してくると、お互いに他のことがかすんでしまい何が問題だったのかが見えなくなってきてしまい、自分が今まで見えていたものが見えなくなってきてしまう状態が続いてしまうのです。

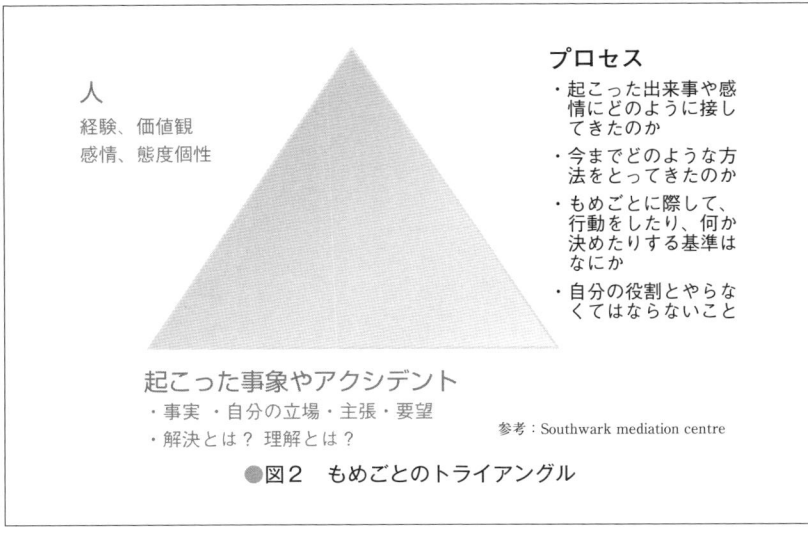

●図2　もめごとのトライアングル

2 坊主憎けりゃ袈裟まで憎い（人ともめごとを区別する）

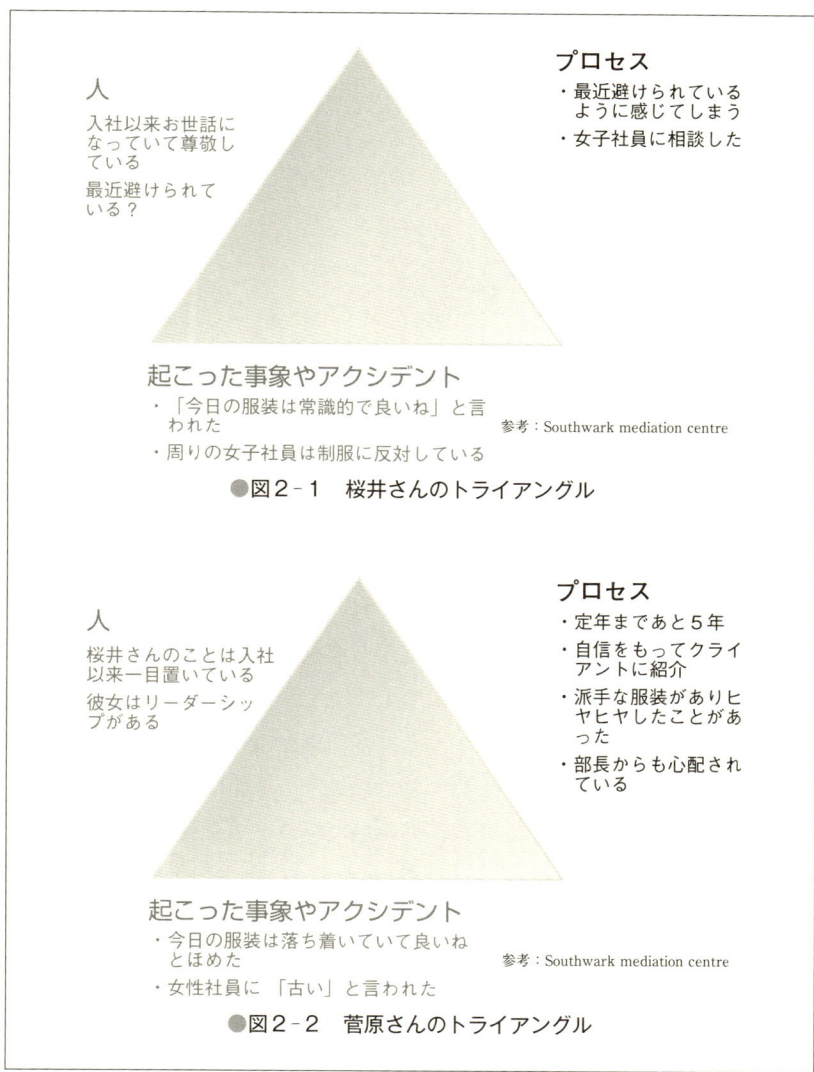

●図2-1　桜井さんのトライアングル

●図2-2　菅原さんのトライアングル

(2)　氷山現象

　トリガーにより，お互いに自分の気持ちが見えにくくなっている時，その人の内側では何が起きているのでしょう？　図3を見てみましょう。「坊主憎けりゃ袈裟まで憎い」という言葉がありますが，もめごとの渦中

第1章　メディエーションとは

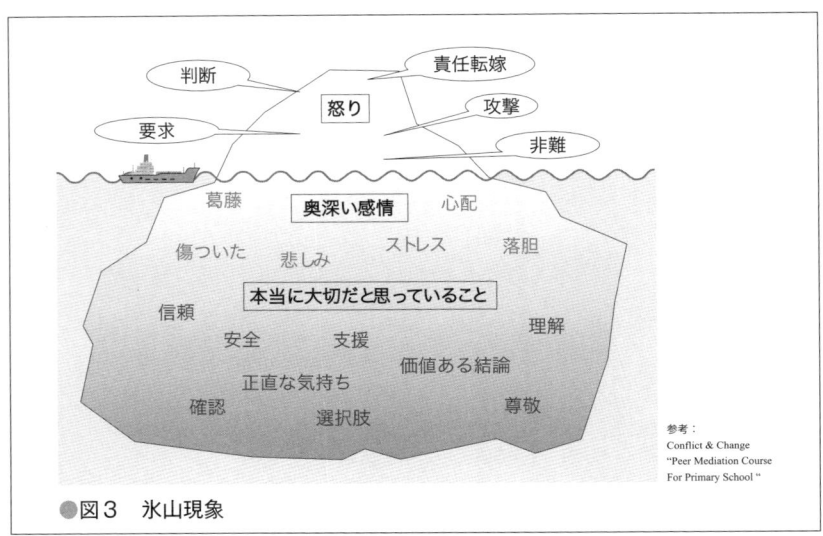

●図3　氷山現象

にいると自分が何に対して怒って・悲しんでいるのかなど，いろいろな出来事やプロセスの陰に隠れて自分の気持ちが自分自身でも分からなくなってしまっています。これが「氷山」です。

　なぜ氷山に例えられるのかというと，氷山は海面から見えているところより海中の部分の方が大きいといわれています。海面に出ている一部に，怒りや攻撃的な感情，あるいは自己防御的な感情が生まれてくると，水面下の自分自身の本当の気持ちや欲が見えなくなってしまいます。自分はいったい何がしたかったんだろう。そんな風に冷静に自分自身を見つめると，自分自身の本当の気持ちが見えてきますが，もめごとや対立の渦中にいる時には，自分の氷山の下の部分が自身にも分からなくなってしまっています。

(3)　エスカレーション

　では次に，どうして自分自身の本当の気持ちが見えにくくなってしまっているのかを考えてみましょう。ここで大きな理由として考えられるのが，自分が見ている自分と，相手が見ている自分が違うということです。

8

2 坊主憎けりゃ袈裟まで憎い（人ともめごとを区別する）

図2を思い出してください。それぞれが「人」と「人」，「プロセス」と「プロセス」を同じタイミングで考えれば，それぞれが考えていることの違いに気づきやすくなっていくでしょう。しかし，残念ながら本人たちにはお互いに「人」と「プロセス」や「人」と「アクシデント」の様に違

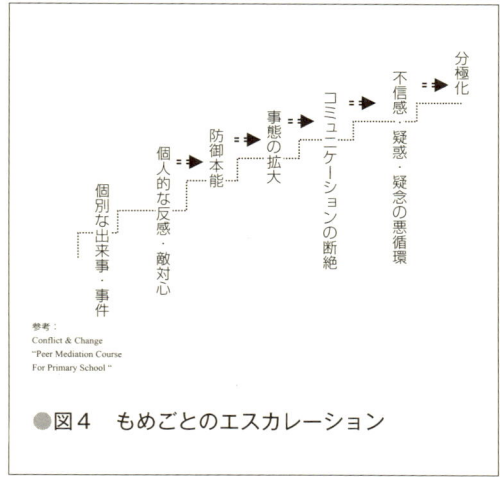

参考：
Conflict & Change
"Peer Mediation Course
For Primary School"

●図4　もめごとのエスカレーション

う課題でぶつかっていることになかなか気づけません。またときには相手との関係や，コミュニケーションによって，それぞれに抱えている問題がエスカレーションしてしまいます。

もう一度，菅原さんと桜井さんの例について，桜井さんの視点から考えてみましょう。桜井さんにとってのトリガーは「今日の服装は落ちついていて良いね」と言われた一言でした。桜井さんに，「派手な服装をした記憶がなく，前の時がいつのことか分からない」といった感情が芽生え，菅原さんの「常識的」という言葉に疑念を感じ始めます。そして，自分が何か責められているような感覚を覚え，自分のことを守ろうとする防御本能が働きはじめます。その防御本能や，また桜井さんの場合，「自分が女子社員をまとめて菅原さんの役に立ちたい」と思う従来の気持ちから，他の女子社員にヒアリングを行うのですが，今回の場合は，これが逆に事態を拡大してしまうことになってしまいます。つまり，他の女子社員が菅原さんに対して「古い」「融通がきかない」「女子社員に昔の慣習を押し付けようとしている」というような感情を表面化してしまうトリガーになってしまったのです。自分が菅原さんのためにしようと思ったことが裏目に出てしまい，菅原さんが社内で女子社員から厳しい目で見られてしまったことに対し桜井さんは責任を感じ，菅原さんとコミュニケーションが取りにく

くなり,「コミュニケーションの断絶」の状態が生まれてしまいます。そうなると桜井さんと菅原さんの関係はお互いに「何か隠していることがあるんじゃないの……」という不信感や,疑惑の悪循環が始まってしまうのです。こうなってしまうと,お互いに何かきっかけがないと,コミュニケーションはますますとりづらい環境になってしまいます。

❖ 意見や気持ちの衝突で起こっていること

(Mediation UK Training Manual in Community Mediation Skill P.45をもとに作成)

菅原さん桜井さんに起きたことをエスカレーションの仕組に沿ってみてみましょう。

1　何か個別的な出来事や事件	菅 「今日の服装は常識的で良いね」 「今日の服装は落ち着いているね」
2　個人的な反感,敵対心 攻撃が始まる。 他の人が何か問題があるように見える。 ラベルづけが始まる（あの人が悪い,自分が悪いなど決め付けていく）。	桜 常識的って何？ あれ？何だか自分は変なこと言っちゃったかな？
3　防御本能 押し付けたり,抵抗したりする。 一人の人の中で起こった防御本能が,他の人の防御本能の引き金になる。	桜 制服について女子社員で話してみよう。
4　事態の拡大 もともとの事態に他の事態が加わっていく。 他の問題が生じてくる。 話し方があいまいになってくる。	女子社員 菅原さんは古い。 菅 女子社員に何だか煙たがられているような気がする。
5　コミュニケーションの断絶 直接的にコミュニケーションしなくなる。 感情的な要素が増加してくる。 お互いの理解が低下する。	菅 桜 なんだか避けられているような気がする。
6　不信感・疑惑・疑念の悪循環 お互いに激昂してくる。	桜 私のこと嫌いに違いない。

2 坊主憎けりゃ袈裟まで憎い（人とものごとを区別する）

お互いに失礼で不快な言動が，さらなる不快な言動を引き起こす。 「目には目」をといった状態が生じる。 考え方が定着していってしまう。	(女子社員) 菅原さんってああいう人よね。 (菅) 桜井さんには目をかけていたのに……。
7　分極化 同盟軍（自分に同意してくれる人）を探す。 グループが出来上がる。 元に戻れない状況になる。 同じような状況には二度と戻れない。 どちらかが負けるまで戦う。	(菅)(桜) 言葉をかけづらい。 他の人に頼もう，相談しようかな。

　では，このエスカレーションの仕組みと氷山現象を合わせて考えてみましょう。職場の仲間から見ると，それぞれの氷山の下の方は見えません。「あの二人何かおかしいんじゃない？」と職場の仲間が気づき始めるのは氷山の上の方，つまり，桜井さんと菅原さんがどうもギクシャクしているなと見えたときからでしょう。

　そんな時，職場の同僚として何ができるでしょうか。エスカレーション

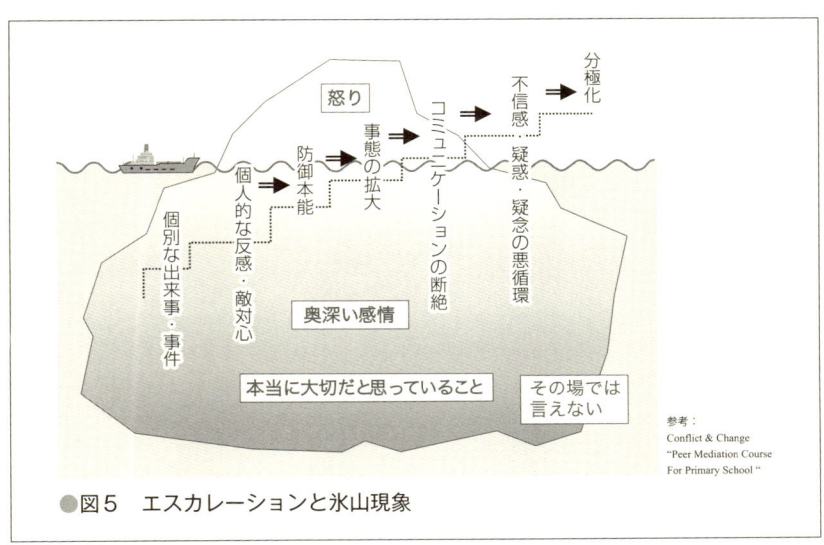

●図5　エスカレーションと氷山現象

の仕組みに沿った前記の表中7「分極化」(P.11)の状況のように不信感を抱いた両者が中心となり,同僚がそれぞれ味方,敵に分かれたのでは,どちらかの味方になって,勝ち負けが決まるまで,社内は二つに分かれてしまうかもしれません。

しかし,二人の関係がこのままでは,会社の業績も落ちてきます。同時に桜井さん,菅原さんを自分自身も同僚たちも何か様子がおかしいと気づき始めていることや,社内が腫れ物に触るような緊張した様子になってきていることに,本人たちも気づいています。何かを改善したい,それは両方が思っている気持ちなのです。

(4) ジェットコースター型から階段型への変化

桜井さんと菅原さんの気持ちの変化というものを考えてみましょう。桜井さんと菅原さんの間には「ジェットコースター型」と呼ばれるプロセスが起こっています。

二人の間で起こっていることを次にまとめます。

「二人の間で起きている気がかりなこと」	「菅原さん,桜井さんに起きたこと」
過去の出来事が気になっている	お互いに言われた一言が気になっている
自分自身というよりは,集団(この場合は同僚など)が大切だと思っている	女子社員をまとめたい・プロジェクトを成功させたい
立場や役職によって異なる考え,集団での役割	女子社員・部長がどう思っているのだろう……
素直になれない	どうしたの?って聞けない

上記のような場合,自分の気持ちは上がったり下がったりしていきます。自分の見方から時には相手を責めてしまうこともあるでしょうし,過去を考えながら自分自身を責めることもあるでしょう。ジェットコースター型で動いている時は,なかなか自分自身をコントロールできなくなってきて

2 坊主憎けりゃ袈裟まで憎い（人ともめごとを区別する）

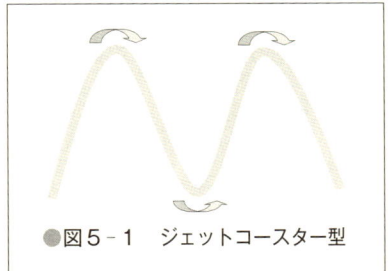
●図5-1　ジェットコースター型

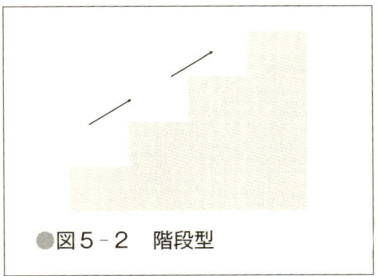
●図5-2　階段型

(Mediation UK Training Manual in Community Mediation Skill P.111)

しまっています。自分の気持ちが自分自身のコミュニケーションの「前提」となっていて，その「前提」から言葉や，態度が発せられていることが多いからです。この前提が人によっては先入観や思い込み，偏見，差別，相手との力の差などを生んでいくことになります。

　このようなジェットコースター的状況をなくすため，つまり一歩ずつ階段を登るようなコミュニケーションをとるためにはどうすればよいでしょうか。それが次の段階となる「階段型」です。階段型では，一歩ずつ進むうちにどこかでお互いに気持ちや状況の違いに気づくことで，お互いに自分の気持ちや考え方に対し冷静に整理することが可能な場合が多くなります。階段型に移行していくためには次のようなことが必要になってきます。

- 分極化するのでなく，将来志向（今後どうしたいのかを考える。）になって考えてみる。
- お互いの変化を重要な要素として考える。
- それぞれお互いのことを大切にする。
- お互いに同じであり「等しい人」同士である事を認め合う。
- 形式にこだわらない（柔軟な姿勢をとる。）。
- 素直になる。

　この階段型のプロセスつまり，一段ごとをステージで考えてみることがまさしくメディエーションのプロセスになるのです。エスカレーターで昇ってしまった事情や気持ちを一気に一番下の段まで降りて原因を探すだけなら，犯人探しで終わってしまいます。まずは一歩ずつ，互いの不信感

を安心感に変え，コミュニケーションを取り戻すことからはじめることが，この階段型のスタートになっていきます。

(5) 階段型への移行～3つのステップ～

階段型のコミュニケーションをお互いに築いていくために必要となる行為を見てみましょう。

ステップ1
- 過去に，本当は何が起こったのかを考え直してみる。
- 何が不快だったのか，不安だったのかについて考えてみる。
- それが自分自身にとってどんな意味があったのか，どんなところに，どのような意味があったのかなど，客観的に考え，明確にしてみる。
- どういったことが自分の行動を駆り立てるのかを考える。

ステップ2
- 即座の判断や結論に飛びつくことを避ける。
- お互いに何が起こっているのか，より多くの情報を集め，質問をする。
- お互いの文化的な違い（価値観や前提の違い）について学び合う。
- お互いの違いは，良い，悪いあるいは，正しい，間違っているというものではないことを学び合う。

ステップ3
- その状況から本当は何をしたいのかについて正直になる。
- 自分以外の人の視点，行動方法を知ろうと努力する。
- 自分が理解したことをみせてみる。
- 自分自身の態度を変えてみる。
- 自分の変化が自分にとってどのような意味があるのかを考える。

(6) もめごとの中で自分ができること

ここでは，形やシステムとしてのメディエーションということにこだわらずに，皆さんの身近で何かもめごとが起こった時，あるいは自分自身が社会やいろいろな場面で，他の人とのコミュニケーションで悩んだ時に，

どんなことが起こっているのか、そして自分でできる工夫というものも合わせて考えてみました。

　お互いに自分で何ができるのかを考える上で、自分たちを客観視できるということは大切なことです。そしてそれはシステムとして考えるメディエータの役割としても重要なことなのです。

　そこで次に、メディエーションというものをもう少し物理的に考えてみましょう。

❖3　メディエーションとは

　人が葛藤や、対立、もめごとに出会った時に、その人の中で、あるいは相手との関係性の中でどのような状況になるのか、そしてそんな時、どんなことが起きるのかを考えてきました。

　対立やもめごとの解決方法にはたくさんの方法があります。まずはその方法の違いを見てみましょう。

(1)　それぞれの方法の違い（様々な紛争解決方法）

(Mediation UK Training Manual in Community Mediation Skill P.54)

	自分たち（当事者たち）がすること	第三者の役割	誰が決断を下すか
お互いの話し合い（ネゴシエーション）	自分たち自身で合意点を探していく。お互いに満足いくか（WIN/WIN）、どちらかが妥協するか（WN/LOSE）を探していく。	第三者の存在はない。	自分たち自身
メディエーション	中立的で公平な第三者（メディエーター）の支援を受けながら、自分たちで合意点を見つけていく。ねらいは両者が満足すること。	人々のコミュニケーションや話し合い、話し合いの中でアイデアを出し合うことなどを支援する。構造的な支援を提供するとともに、それぞれが対立やもめごとを扱っていくことを支援する。	自分たち自身
仲　裁	全くの第三者が自分たちのために合意案を決定してくれるよう情報、証拠、今後どのようになっていくかなどの意見	両当事者の話を聞き、構造的な場を提供する。情報や、証拠、意見を判断し、最終的な結論を出す。通常結論には拘	仲裁人（決定する権威がある人）

15

		を提示していく。(WIN/WIN)、どちらかが妥協するか（WN/LOSE）の中間。	束力があり、その結論は両当事者の利害に一致しているものと考えられる。	
裁　　判	自分が置かれた状況の情報、相手の何が間違っているのか、自分自身の立場などの情報を代理人などに提供する。事件をサポートしてもらうために、証言しなければならない。多くの場合、対立している当事者自身は解決に直接関与できない。	両当事者とそれぞれの代理人の話を聞き、証拠をそれぞれに見えるように示し、また同時に反対側の証拠を疑う。構造的な場を提供し、その場の行いを強くとりしきり、証拠を判断し、結論を言い渡す。	裁判官

●表1　様々な紛争解決方法

　日本語の表現の場合、仲裁というと「ケンカの仲裁」という言葉がありますが、上記表の「仲裁」とは意味が異なります。この表に出ているのは「仲裁法」の仲裁を意味しています。またmediationは「調停」「仲介」「あっせん」など様々な訳され方があります。その方法は例えば「調停」といっても、第三者の役割として、この表の仲裁に近いものなど、概念も様々です。本書ではmediationをあえてそのまま「メディエーション」とすることで、促進的なメディエーションの概念や理念を読者の皆さんと共有化したいと思います。

　また、ここでは裁判や仲裁という言葉を使いました。システムや立場こそ違うかもしれませんが、裁判官の役割を持っているような上司やそのほか権威がある人、あるいは中立的な第三者として、争う両者のどちらということではなく、双方の話を十分に聴いてくれる仲間によって、普段の生活でも取り入れられていませんか？

　メディエーションを考える上で、一番重要なのは、第三者の役割というよりかは、自分たち（当事者たち）の役割といっても良いでしょう。第三者はあくまでもそのお手伝いに過ぎません。当事者の方たちが話しやすい場を一緒に創っていくことが必要になっていきます。

(2) メディエーションが有効な場合とそうでない場合

　メディエーションの流れを説明する前に、メディエーションが有効な場

合と，そうでない場合というのを考えてみたいと思います。

❖メディエーションが有効に活用できる状況とは
(Mediation UK Training Manual in Community Mediation Skill P.56)

最も有効に活用できるとき
- 継続している関係性が重要な要素であるとき。
- メディエーションに参加する当事者全員が，自分たち自身で結果を出したいと思っているとき。
- メディエーションに参加する当事者の間に，知識などの大きな格差がそれほどないとき。
- 解決しなければいけない時期が迫っている場合など，ある程度の解決の見込みを急いでいるとき（ただし，メディエーションのプロセスには十分な時間が必要になります。）。
- 秘密性（公開されないこと）が重要な要素であるとき。
- 両者がストレスを晴らしたり，鬱憤を晴らしたりする必要があるとき。
- 両者がお互いのコミュニケーションがストップしてしまっていると感じる（又はコミュニケーションをとったことがない）とき，そして彼らがコミュニケーションをする上で中立的な第三者の助けが必要だと感じているとき。
- 両当事者が何とか解決したい，でも自分たちだけではどうにもならないと感じているとき。
- 両当事者がメディエーション以外の別の選択肢として別の方法が検討され，その方法には望みが薄いと感じているとき。
- 両当事者にとって，目の前のもめごとを避ける，あるいは取り合わないことが受け入れがたい状態になっているとき。
- それぞれの個人的な安心感や安全性が，合意の結果に左右されないとき。

17

- メディエーションの参加者が自らの意思で参加しているとき。
- 参加者がメディエーター（たち）の公平性を理解しているとき。
- 論点が明確で，両当事者自身が解決できる点もはっきりしているとき。

あまり有効に活用できないとき
- 両当事者の間に大きな力の格差があるとき。
- 力を持った人や，権威者の決定が求められているとき。
- お互いに求めている論点について法的な手続がすでに済んでしまい，これ以上話し合う余地がないとき。
- 例えば個人の安全性など基本的な権利や人権が危機的状況にあるとき。
- 両当事者に参加意欲がないとき。
- どちらか，あるいは両当事者が安全でないと感じているとき。
- 両当事者がお互いに話し合うことに積極的でないとき。
- 両当事者自身が考えている状況について，極端に頑なになっているとき。

　上記を考えるとメディエーションを通して問題を解決する意味は，どこにあるのでしょう。

　前に述べましたが，「問題となっていること」，そして「本当に大切に思っていること」は，その当事者になってしまうと自分でもなかなか分からなくなってしまいます。何かの出来事が引き金となり（トリガー），お互いの問題が目に見える状況になったとき，目先の問題点のみにこだわり最後までお互いの立場（ポジション）からの視点で戦ってしまうのか，そこを乗り越えていくのかが分岐点になるでしょう。

　乗り越えていくために話し合いの争点を見出していくことをメディエーションの中で「課題（イシュー）を選択する」とい言います。そしてその人が本当に大切だと考えていること（インタレスト）がその争点になる課題と一致するほど，両者の話し合いは満足いくものになっていきます。言

葉を変えれば，もし話し合いを進めようとする場合，両者の大切にしていることで共通しているところをできるだけ論点としてとらえていくと，その他の別々に大切に考えていることについて話しやすい状況をお互いに創っていけるようになっていきます。

では，ここで菅原さんと桜井さんの例で考えてみましょう。

「今日の服は落ち着いた感じでいいね」という一言がトリガーになったこの出来事により，菅原さんも，桜井さんも立場（ポジション）によって考えが違う「制服」や本当に大切だと考えていること（インタレスト）「社内の今後」について考える機会になりました。そして，お互いの「違う問題」を分かち合うきっかけになっていったのです。つまり，トリガーによってそれぞれに抱えていた想いが表面化したことが，二人で問題を考える機会になっていきました。

しかし，お互いに問題へ向き合い始めたこのときに，菅原さんと桜井さんの上司が「何やってるんだ。○○すればよいだろう」と権威的に解決を強制したら，二人はどうなるでしょうか。目の前の事柄は一見解決したように見えるかもしれませんが，二人の間でやり場のないモヤモヤした気持ちが残ってしまうでしょう。一方，ここで二人が「では何をすればよいのか」というのを一緒に考えていったら，どうなるでしょうか？　菅原さんが大切だと考えていること（インタレスト）である「桜井さんならリーダーシップがあるので他の女子社員を調整できる」「まずはプロジェクトを成功させたい」「定年まで，あと5年，今後は若手の育成という点でも力を注いでいきたい」という点，桜井さんの大切だと考えていること（インタレスト）である「新規プロジェクトを成功させたい」という，お互いに会社のために働きたいと思っていることを中心に話が進められたら，話し合いを安心して進めることができるでしょう。このプロセスが「お互い大切だと考えていること（インタレスト）」を課題（イシュー）として挙げていくこととなります。そうするとお互いの立場（ポジション）からの視点が異なる「服装」について別の意味で落ち着いた形で話すこともできるでしょうし，もしかしたら「服装」については話し合いの中でお互いのとら

え方が違うことが見えてきて，自然に争点ではなくなってしまうかもしれません。そしてお互いに気持ちが見えてくれば，社内の環境をどうすればよいのかという自分たち以外のことも見えてきて，次に何をすればよいのかという展開も見えてくるでしょう。

メディエーションを通して見えてくる紛争や対立を解決することの価値について，少しまとめてみましょう。

❖ お互いの意見や気持ちの衝突を解消することの価値とは
（Mediation UK Training Manual in Community Mediation Skill P.57）

● **目の前で起こった対立に対して目を向ける必要がある**

「戦うか逃げるか」だけが方法ではありません。目の前で起こった出来事は，そこで起こっている場や状況を変える力になります。ただし，お互いに尊敬できるように，そしてお互いに心を開いていくような場を創っていくことが必要です。

● **そこで起こった事柄に関係するすべての人が参加する必要があります**

誰かの力によって目の前の事柄から誰かが排除させられるというものではありません。人は時として，目の前のことから自分が遠ざけられると混乱を感じることもあるからです。メディエーションで核となるのは，両当事者の方たちが結論を決めていくプロセスを握っているということです。そしてその人たちが普段使っている日常用語で，自分たちのペースで話し合うように支援していくことです。

● **目の前の出来事は問題を分かち合うチャンス**

対立や葛藤に直面する両者はそれぞれの視点から両極面を見てしまっている状態です。問題を分かち合い，共有化することで両者の人間関係を壊すのではなく構築し直すチャンスを一緒に創ることが

できます。

- **共に問題を解決することは，明確な考え方とスキルによって決まるものである**

    どんな考え方と方法があるのかを知ることで，人は創造的に問題を解決することができるようになります。

- **メディエーションは人が本来持っている力を豊かにすることができる**

    対立の渦中にいる人は自分たち自身の力に気づくことができなくなっています。ときには，目の前の問題を自分で解決する力が全くないと感じていることもあるほどです。

    メディエーションはお互いに自分自身の問題を通じて，自分たち自身で意思決定できるということを実感し，将来の自分たちがより活動的になれる自分たち自身の力を得て，その人の本来持っている能力を高めていくプロセスです。そして，自分たちが本来持っているお互いの力の不安定さを軽減するための力も得ていくことになります。

    メディエーションはそこにかかわる人と人，そして社会とのかかわりの中で，それぞれの人が本来持っている力を豊かにして，それを実感できるようにしていくことができる考え方と方法なのです。

- **暴力は問題を解決する適切な方法ではない**

    対立を解消しようとするためには，お互いの信用が必要で，お互いの違いを認める時間や安全な場が必要であり，暴力（肉体的な暴力のみならず，言葉などの暴力も含めて）がその問題から除外されている環境を維持することが必要になります。また同時に，将来的にも暴力がエスカレートしないような予防策を見つけていくことにもなります。

- **対立状態にある時，その人だけが考えている状況に焦点を当てるのでなく，それぞれの人が本当に大切だと考えていることに焦点を当てると，それぞれが持っている可能性により近づける**

    対立している人はしばしば，それぞれのその人だけが考えている

状況というものに頑なまでにしばられてしまうことがあります。メディエーションはそれぞれが本当に大切だと思っていることに焦点を当てていくことになります。それぞれが大切に思っていることを明確にしていく中で，お互いの共通点は何なのか，それぞれが大切に思っていることを満足しながら合意するにはどうしたらよいのかという視点に移っていくのです。

● **個人的，社会的，戦略的な問題解決の選択肢の一つである**

問題解決のための選択肢，時間，費用も限られてしまうように感じてしまうと，例えば「無視する」「警察沙汰にする」「暴力を使う（意識的であれ，無意識であれ）」「裁判等のように第三者に白黒はっきりさせてもらう」「仕返しをする」などの行動に出てしまうこともあります。メディエーションは他の選択肢と違う点として，「誰が間違っているのか，勝つのか，負けるのか」など犯人探しや相手をラベル付けしたり，責めるといったことをしないプロセスの選択肢であることが挙げられます。

4　大切だと思っていること（インタレスト）とお互いの満足

❖ **本当に大切だと思っていること（インタレスト）とお互いにそのプロセスに満足しそれぞれが豊かになったと思うことができる解決方法**

(Mediation UK Training Manual in Community Mediation Skill P.59 に筆者追記)

メディエーションのプロセスは，当事者が「本当に大切に思っていること」に焦点を当てていくプロセスをお手伝いしていくものです。それぞれが「本当に大切に思っていること」を考え始めると，相手を打ち負かそうとか，自分だけが有利になろうとかということを考えようとする気持ちが徐々に薄れていき，自分も相手も両方が満足し，双方が「豊かになった」

と感じられるには，自分はどうしたらよいのかということを少しずつ考えるようなっていきます。

　この「お互いが満足する方法」としてオレンジの例えがよく挙げられます。一つのオレンジをめぐり兄弟がけんかをしているとき，どのように分け合うかという問題です。この考え方の答えは，けんかをしている兄弟が本当は何をしたいのか，本当は大切だと思っている事を聞き合い，一人はジュースにしたい，そしてもう一人はマーマレードを作るために皮が欲しいという，お互いの本当に大切にすることが分かることで，対立するのではなく，平和的に解決できる問題になります。しかし，このオレンジの例えは，お互いが「本当は大切だと思っていること」に，「自分が独占したいと思うこと」や，「競争的なもの＝あの人にはとられたくない」といったことが含まれていません。そして，このような独占したいという欲求や，競争意識は通常の対立時，お互いの「本当に大切だと思っていること」にも含まれていることが多いのも事実でしょう。「お互いが大切だと思っている事」には多様なものがあります。もちろんいつもすべてがメディエーションで解決できるというものではありません。メディエーションを一つの方法として考え，メディエーション以外の様々な方法とつなげていく必要がある場合もあることも忘れてはいけないでしょう。

　では，次にアパートやマンション，地域の対立のケースについて例を挙げながら考えてみましょう。

本当は大切だと思っていることが共通している場合

本当は大切だと思っていること	
ケース① AさんBさんが住むマンションのセキュリティシステムについて気になっている。Aさんが飼っている犬の泣き声についてはBさんが気になっている。両者の関係性は良好で，両者ともどちらかが悪いとは思っていない。	ケース② CさんDさんとも家でリラックスしたい，会社ではしっかり働きたい，そして，お互いに余暇の時間は自分たちにとって大切にしたいと思っている。

⬇

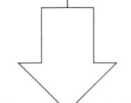

第1章　メディエーションとは

メディエーションの結果，両者が満足し豊かになったと感じられる選択肢	
セキュリティシステムに関しては今後話を進めていくことに合意。何かあるたびにAさんの犬が吠え，Bさんがうるさいと感じていることについてお互いに話すことができた。	Cさんはステレオを移動し，ドアを閉めることに合意。今後2人の間で何か問題があった時には，警察などを呼ばず，直接お互いに話し合うことになった。

それぞれに本当は大切だと思っていることは，競争的ではないものの，異なる優先順位がある

本当は大切だと思っていること	
ケース①	ケース②
Aさんは他のセキュリティシステムなどの機械より犬の方が自然で良いと思っている。Bさんは防犯ベルか他のセキュリティ方法が良いと思っている。Aさんは犬はうるさいこともあるけれどセキュリティに必要だと思っていて，Bさんは犬はむだに吠えることが多く迷惑だと思っている	CさんはDさんのためにステレオのボリュームを抑えなくてはいけないことや，いつも音楽を付けっぱなしでいられないことに，イライラしている。しかし，Dさんにとって余暇が大切な時間であることは理解している。Dさんは音楽をつける時間を減らして欲しい。そして同じような音楽を繰り返さないで欲しいし，大きな音の音楽は好きでない。

⇩

メディエーションの結果，両者が満足し豊かになったと感じられる選択肢	
双方とも他のセキュリティシステムを探そうということになった。そして犬には訓練をするか，犬のトレーニングコースへ行かせる可能性について考えることとなった。	音量の調節と時間を調整していくことに合意。Cさんはヘッドホンを利用しDさんは防音装置をつけることになった。

それぞれに本当は大切だと思っていることが競争的でお互いに排他的である

本当は大切だと思っていること	
ケース①	ケース②
Aさんは犬が自分の生活に絶対不可欠だと思っている。Bさんは犬を飼っている人に対していつも敵対心を抱いている。	CさんもDさんもお互いに好意を持っていない。Cさんは年中監視されているような気持ちで敵意を抱いている。Dさんは音楽のボリュームもかかっている音楽にもこれ以上耐えられない。

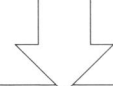

⇩

24

4 大切だと思っていること（インタレスト）とお互いの満足

メディエーションの結果，両者が満足し豊かになったと感じられる選択肢	
例えばそれぞれが獣医さんのところにいって犬が吠えないようにする，防音装置をつけるなど条件を交換する。メディエーションとして最大限できることとして，将来何か問題が起こった時に，別の選択肢を見つけられるようにしておくことと，今後より前向きなコミュニケーションがとれるようなきっかけをつくっておく。	少しの間様子を見る，お互いにメディエーションが終了するまでは，警察などは呼ばない。Cさん又はDさん，どちらかが引っ越す。

　上記の例を見ても分かるように同じ「犬が吠える」「音楽がうるさい」というケースでも，それぞれが大切だと思っていることは人によってずいぶん異なります。メディエーションを進めていく中で，当人が「どうしても誰かに白黒はっきりつけてもらいたい」というのを自分自身の中で大切なことだと思っていれば，メディエーションではなく全く別の方法や選択肢をとることが話し合いで明らかになるかもしれません。

　もし，これらの書類のファイルを作成するなら，背表紙のタイトルに，何と書くでしょう。従来の考え方では，起きた事件を「ケース」として考えて，「騒音」などのようにまとめてしまうでしょう。しかし，今まで見てきたように，以前の事例がこうだったからと倣う事ができず，そこに関わる人によって多様性を持っているのが本当の意味での「対立」「もめごと」なのです。そこに関わる人に焦点を当て，それぞれの人が本当は大切だと思っている事は何なんだろうという点に焦点を当てていくのがメディエーション作業になります。

　では，実際にメディエーションのプロセスはどのようになっているのかを，具体的に見ていきましょう。

第2章 メディエーションのプロセス

❖1 メディエーションのプロセス

　メディエーションのプロセスは以下の7つのステージに分かれます。ただし，この7つのステージは，例えばADR団体のように，片方の当事者の方が専門機関に申し込む，又は社内や学校内の一部門としてメディエーションを行うイメージを前提としています。メディエーションを行っている機関として日本ではいくつかのADR機関などがあります。社内のメディエーション部門というのは，まだ日本ではあまり馴染みがないかもしれませんが，欧米では人事部門の一環，又は別部門として，社内の人間関係やトラブルを解決する部門があったり，又は外部のメディエーション機関と提携することによりメディエーションを提供しています。欧米などの学校では，後述のように学生間の問題を学生同士で解決していくピアメディエーション（P.229）があります。

　ではメディエーターの役割を中心に7つのステージを具体的に見てみましょう。

　　＊この7つのステージは，シンプルな形で説明するため，1対1の対立を想定していますが，もちろん参加者が複数の場合もあります。その場合はそれぞれのステージで複数人を想定する必要があります。
　　＊従来は，組織によっては，片方の当事者Aさんと相手のBさんにそれぞれコンタクトをする役割は，別の役割であるケースマネージャー（P.36・53参照），あるいは受付担当（レセプション）など他の人物が担当することが少なくありませんでした。しかし，最近ではメディエーターがケースマネージャーを兼務する傾向が強くなってきています（2010年での筆者現地調査などによる）。そこで今回は，話し合いを設定するケースマネージャーと話し合いのメディエーターを統一することにしました。

1 メディエーションのプロセス

❖ メディエーションの7つのステージ
（メディエーターの役割りを中心としたもの）

(Mediation UK Training Manual in Community Mediation Skill P.129)

ステージ1
片方の当事者（申込者Aさん）との最初のコンタクト

主な任務・役割

- メディエーターの自己紹介。
- Aさんの状況の確認。
- Aさんの気持ち（状況から感じられる感情）を受け入れる。
- Aさんとの信頼関係を築く。
- メディエーションについて，そしてメディエーターの役割，守秘義務についての説明。
- メディエーションのプロセスを本当に希望しているのかを確認。
- 何を望んでいるのか，本当は大切だと思っていることは何なのかなど，基本的な考えの確認。
- 7つのプロセスの中で守秘義務をどのように進めていくかを確認。
- 次のプロセスでは何をするのかを決定。

ステージ2
もう一方の当事者（Bさん）との最初のコンタクト2

主な任務・役割

- ステージ1と全く同様の聴く姿勢としての質が求められ，Bさんの視点から状況が説明される機会を一緒に創っていく。

  （その他，ステージ1に加わるものとして）
    - Bさんの信頼を得る（連絡してきたメディエーターがAさんの味方や代理人であるとBさんから思われることが多くなります。相手方Bさんの信頼を得ることは今後のプロセスを進めていく上で，重要なポ

27

- 公平性を築く（Ａさんの代理としてＢさんに連絡しているのではないことをＢさんに理解していただくことが必要です。）。
- 守秘義務を維持する（Ａさんから聴いた事情をＡさんの許可なく，Ｂさんにそのまま話すことはありません。Ｂさんのお話も同様にＢさんの許可なくＡさんに伝えることはありません。）。

―ステージ３―――――――――――――――――――
ＡさんＢさんがお互いの意見や気持ちの衝突に向き合う準備をする

主な任務・役割

- メディエーションを続けるのに最善な方法を明確にする。
- 両者が会って話し合うのか，そうでないのかを選択する。
- 登場人物を確定する。
- メディエーションに参加するという約束を明確にする。
- 話し合いの場所の確保（メディエーターの手配（設定するケースマネージャーとメディエーターが異なる場合））。

―ステージ４―――――――――――――――――――
両者との話し合いの席でＡさんＢさんそれぞれの課題をお互いに聴く

主な任務・役割

- メディエーターからＡさんＢさん両者にこの場に来ている歓迎の姿勢を表す。
- 話し合いに必要な約束を参加者全員で決めていく。
- これからの話し合いのプロセスを説明し，その方法でよいかどうかＡさんＢさん双方から了解を得る。
- ＡさんＢさん双方から中断しないで話を聴く時間を設ける。
- 問題のきっかけなど，初期段階での対立を明確にする。
- ステージ１から３でそれぞれから聴いた話の要約をメディエーターからＡさんＢさん双方に伝える。

1 メディエーションのプロセス

- メディエーターからこれからの流れや進行の仕方についてＡさんＢさんの了解を得る。

―ステージ５―
メディエーターとＡさんＢさん，参加者全員がそれぞれに課題について一緒に考えていく

主な任務・役割

- メディエーターが両者と一緒にそれぞれが本当に話し合いたい課題を見つけていく。
- ＡさんＢさんがお互いにコミュニケーションがとれるように工夫や助けをしていく。
- ＡさんＢさんがお互いの理解していることを確認し，思い込んでいること，仮定してしまっていることなどを明確にしていく。
- ＡさんＢさんが話し合いたい論点についてそれぞれが心配していることを明確にしていく。
- ＡさんＢさんそれぞれの違いを認め合い，そこから次を考えていくことを助ける。
- メディエーターは話し合うのに安全な環境を維持する。
- メディエーターが話し合いの流れや進行の仕方を維持する，あるいはもう一度流れや進行方法を確認し必要があれば変えていく。
- ＡさんＢさんが過去から未来に焦点を変化させていくのをメディエーターが助ける。
- ＡさんＢさんが同意していることと，同意していないことをメディエーターが要約する。

―ステージ６―
合意を一緒に創っていく

主な任務・役割

- ＡさんＢさん，メディエーターとともに選択肢を一緒に創り出し，

それぞれの申出を明確に分かりやすくする。
- 選択肢が実現可能かどうかなど，参加者全員で確認する。
- 目の前の問題の解決をどうするのかをＡさんＢさんと一緒に考える。
- メディエーターはそれぞれから発せられる和解的なジェスチャーなどをしっかり観察し，気を配る。
- メディエーターは対話を落ち着かせ，合意を創りあげていく手助けをする。
- メディエーターは合意の確認を行い，記録する。
- 参加者全員で何かあった時，その合意が守られなかった時などのアレンジを確認する。
- 参加者全員でもし合意ができなかった時には，次どうするのかを明確にする。

ステージ 7
終了とフォローアップ

主な任務・役割

- 話し合いのセッションを終了する。
- 必要に応じて，フォローアップを行う。
- メディエーターが抱いている感情的な疲労感など解消する。

以上のことを，第１章の菅原さんと桜井さんの事例に当てはめてみましょう。

ステージ 1
菅原さんからお話を聴きます。

菅原さんの今の気持ちと，今後どのようにこの問題に向かいあっていきたいのかなどを聞かせていただくことになります。

申込者にとっては藁をもすがる気持ちでメディエーションを申し込んでくることが少なくありません。しかし，希望している解決方法が必ずしも

メディエーションと一致しているとは限りません。メディエーションを強引に進めることはメディエーションの考え方に反することになります。この時点で，菅原さんが一番大切にしていることを丁寧に伺い，菅原さん自身の気持ちを自分自身が自分で明確に理解することが必要になります。

また相手の桜井さんにどのように連絡したらよいか，菅原さんの話した内容をどこまで桜井さんに伝えてよいかなどもしっかり確認していくことが必要になります。

---ステージ2---
桜井さんからお話を聴きます。

ステージ1で菅原さんから伺った内容を（どこまで桜井さんに話してよいか確認している範囲）桜井さんに話します。

しかし，メディエーターは菅原さんの主張を桜井さんに押し付ける役割りでも，代理人でもありません。あくまでも桜井さんご自身の事情や，気持ちをお聴きし，桜井さんが希望する解決方法がメディエーションと一致すればメディエーションを薦めることができる段階です。桜井さんの希望を聴かず，メディエーションを押しつける役割りではないことをメディエーターは深く自覚している必要があります。

また桜井さんから聴いたお話も，桜井さんの了承なく菅原さんにお伝えすることはないことを約束する必要があります。

---ステージ3---
菅原さんと桜井さんがメディエーションに向かう姿勢や思いを確認する段階になります。

同席でのメディエーションが最終目標ではありません。お互いにどのようにしたら気持ちよく話し合えるのか，それぞれの認識を自分で確認できる場を設けていきます。

特に職場での話し合いの場合，その話し合いが今後の査定などに関係ないことなども両者にしっかり確認していくことも必要です。家族内の話し

第2章　メディエーションのプロセス

合いの場合，最終的な確認事項として虐待などがないかどうかを話し合いの前に明確にしておくのもこの段階になります。もし虐待などがある場合，両者がそろった話し合いではなく別々に話す場を設ける，または帰る時間をずらすなど様々な工夫が必要になります。また登場人物が多い話し合いの場合，この段階で第1回の話し合いの参加者を確定します。この参加者を確定する段階で，不満を抱く（何で〇〇さんは参加しないのか等）当事者がいるかもしれません。その場合，今後どのように話し合いを進めていくのかなどもこの段階で明確にしていきます。

---ステージ4---
いよいよ話し合いの始まりです。

まず両者がどうしたら気持ちよく話し合いに参加できるのかを決めていきます。当事者が同じ社内の場合，例えば呼び方一つで，お互いの気持ちの持ち方も変わってくるでしょう。例えば菅原さんをメディエーターが「副部長さん」と呼び続けている限り，桜井さんにとって，会社内での力の差を感じさせてしまうことにもなりかねません。しかし，ここで注意しなければならないのは，これは人によって感じ方が違い，「副部長さん」と呼ばれる方が自然でよいと感じる方がいることも確かです。同様に座り方などにも配慮が必要になります。いずれの場合もメディエーターではなく，参加者が自分の意志で決めること，そしてそれらは途中で変えても良いことを確認しておく必要があります。

話し合いを進行するのに心配なこともこの段階で明確にしておきましょう。

---ステージ5---
本当に大切だと思っていることを明らかにしていきましょう。

話し合いたいと思ったステージ1からメディエーターが関わっている中で，一番大きな役割りは，「何について話し合いたいのか」を本人が明確に理解することをお手伝いすることになります。もちろんその作業の中で，

「本当に大切だと思っていること」を明らかにしていくことが第一段階です。

　お互いの「立場」で話し合いたいことを出し合っていては，ベクトルが違う方向に向かっているので，いくらメディエーターが入っても話し合いはなかなか前に進みません。それどころか，ますますエスカレーションさせてしまったり，あるいは話し合いへのモチベーションを下げてしまうこともあり得ます。

　菅原さんと桜井さんの場合，服装について話し合っていてもお互いに違った考えに終始してしまいかねません。今後社内プロジェクトをどうしたいのか，クライアントとの関係についてなど，お互いに「本当に大切に思っていること」が共通していることから話し合いの課題を持つようにすると，次第に服装についても話し合いがつきやすくなってきます。

　つまり，メディエーターにとって両者が「本当に大切だと思っていること」を話し合いの課題としていかに取り上げられるかが，腕の見せ所になります。その反面，この課題設定は，ときにはＡさんＢさん双方にとって，押し付けになりかねないことになります。そのため，この課題設定には，「本当に大切に思っていること」をＡさんＢさんから明確な表現として話していただき，双方がそれぞれ異なった見方をしていたことに気づいていくことが必要になります。

ステージ６
これからのことについて，お互いアイデアを出し合いましょう。

　両者がお互いの「本当に大切だと思っていること」，そしてそれが課題として挙げられて，話し合える環境になってきたら，この段階で「では今後どうするのか」ということについて，アイデアを出し合っていきます。どんな些細なアイデアでもお互いに出し合い，そこから今後お互いにできることを両者が一緒に創っていきます。抱える事情や気持ちが違うことをお互いに理解している段階だからこそ，どんなアイデアでも出してよいと思える状況になっています。

メディエーターはその場で，もしかしたらアイデアを言い出したいこともあるかもしれません。しかし両者がお互いに自分たちで決めていくという大切な段階なので，できるだけ自らのアイデアを出さず，АさんВさんがアイデアを出しやすい雰囲気を創っていくことが必要です。意見が出ずその場が膠着してしまうようなことがあれば，しばらく，情況を見守った後どうしたらアイデアが出しやすいかなどをАさんВさん双方から改めて聴くような場合も必要です。

　また，最終的に合意できそうな約束事は，どのように，いつ実行するかなどはできるだけ具体的に話し合っていくように，メディエーターからの投げかけが必要になります。

ステージ7
話し合いを終了します。

　合意内容が作成でき，それがどのように実行されるのか具体的に決まれば，話し合いは終了です。メディエーターは最後まで両者がどのように帰られるかなどをしっかり観察しましょう。その時，何か心配そうな顔をしていたり，何かその場で話し足りないこと，また約束したことを実行後，不安なことが新たに出てきそうな場合など，数か月に渡ってフォローアップをすることがあります。

　同時にメディエーター自身の感情の整理や疲労感などもこの段階でしっかり解消しておくことが必要になります（後述，スーパービジョンP.148参照）。

2　それぞれのプロセスで行われることと解決策

　それぞれのステージで行われていることの詳細や課題などは次章で述べることになりますが，ここで考えて欲しいのが，メディエーターの役割と総合的なプロセスです。

　わが国にメディエーションが入ってきた時，「同席」ということが注目されました。従来わが国で行われてきた多くの「調停」への批判，特に調

停委員が当事者を別席の場面で説得するということへの批判が，逆に同席の魅力につながったことも間違いありません。

　しかしながら，メディエーションはあくまでも任意の方法であり，「同席させる」ものではありません。筆者が実際にロンドンのメディエーション機関での実習で見たいくつものケースも，いつも同席するわけではありませんでした。そして今までは，同席での話し合いに至るまでのプロセスがあまり語られることなく，同席の場面のみが焦点化されてしまっていたのかもしれません。わが国でメディエーションが紹介される時，「同席」，つまり，両方の当事者が一緒の席で話し合うこと，前記のステージ4に注目が集まりました。しかし，話し合うまでには少なくても三つの段階が存在します。メディエーションは決して，強要されるプロセスではないため，お互いにメディエーションへの参加意思があり，自らメディエーションという方法を選択しているという意識が必要です。

　また，シンプルにメディエーターが「問題解決」という言葉を使うことが多いのも現状です。両者に見えている問題は表面上は重なっている一つの「事柄」かもしれません。しかしそれぞれの事情や背景が異なり，「本当は大切に思っていること」もお互いに見えません。また，場合によっては，本人にも見えなくなっている場合もあるといっても過言ではないでしょう。

　つまり，メディエーションは「両者が同席して話し合い，問題を解決すること」がねらいではなく，「お互いに意見や考え方，思いの違いを認め合おうとする気持ちで，そこから新たな選択肢を一緒に作り上げていくこと」がねらいになります。各ステージを見ていただくと分かるように，それぞれのステージで，それまでの進行の確認とともに，その後の進行方法などが丁寧に確認されているのもそのためです。

　例えば，ロンドンの近隣紛争では，多くのケースで最初のクライアントが申込みをし，その話を電話で聴いたあと，home visitといって，その方の家に行ってお話を伺います。また，設定も同様です。相手の方の了承がとれれば，できるだけ現地に出向くようにしています（巻末，ビデオシナ

第2章　メディエーションのプロセス

リオ（P.251）参照）。

　従来メディエーターは先入観を持たないようにするため，ステージ4から新たな担当者が就くのが一つの方法でした。前述のように，わが国で，従来あまりにもステージ1から3の場面が語られることなく，メディエーションが展開されてきたことに危惧し，ロンドンのあるコミュニティーメディエーション組織で実際に行われている方法として「ケースマネージャー」というステージ1から3までを担当する人の役割と方法を本書で紹介しました。しかし，これは自戒を込めて言うとすると，すべての組織でこのケースマネージャーがこの段階のステージを仕切っているのではありません。機関や，扱う紛争の種類によって全く異なります。また，従来ケースマネージャー制度を利用していた機関も，現在はメディエーターがこの役割を兼務するように変更されてきたりと，その時々や自分たちの経験によって改良が加えられてきているのです。

　本書で参考にし，翻訳をしている「Mediation UK Training Manual in Community Mediation Skill」では，メディエーターとケースマネージャーが兼務する形で，受付の段階から二人そろった話し合いまでをすべてメディエーターが兼務する形で紹介しています。もちろん，機関，あるいは方法，ねらいによって，それらの役割は別の方が担うことも多いでしょう。その場合は別の役割を担う人が，一緒に協同する方法やねらいというものを別途明確にしておく必要がでてきます。

　では，それぞれのステージをもう少し詳細に見てみましょう。

1 ステージⅠ
片方の当事者（Aさん）との最初のコンタクト

第3章 メディエーションのそれぞれのステージ

❖1 ステージ1　片方の当事者（Aさん）との最初のコンタクト

　対立する関係者の誰かが，メディエーション機関に最初にコンタクトをとってくる段階です。

　「申し込み」と訳されることが多いステージです。誰かに相談しようと決意する思いの中には多くの思いがあります。それは「誰かに解決して欲しい」「とにかく話を聴いて欲しい」「味方になって欲しい」などです。特に，今までいろいろなところに相談をしてきた経緯がある方にとって，それまでの対応についての想いも重なっています。ストレスがたまっている場合もありますし，気分が滅入っている方もいるでしょう。話を聴かせていただく側はその思いを受け止めながら，しかし一方で，すべてを抱え込まないことも必要になります。

　まずどのような点に注意しながらメディエーターが話を聴かせていただくか，チェックリストを作ってみましょう。

❖最初のコンタクトを取るときには

（Mediation UK Training Manual in Community Mediation Skill P.147）

　次のチェックリストは主に近隣問題でのケースを想定してチェックするリストです。コンタクトしてきた方が何を話し，どのような質問をし，重要な真実は何か，そして何を話し合いたいと考えているのかをよく聴くことが必要になります。コンタクトしてきた方がお話をするのであり，メディエーターが思い込んだり，解釈したり，結論づけるのではありません。

最初のコンタクトの際のチェックリスト

1．誰が？

　□　誰がそのもめごとにかかわっているのか
　□　申込人　　名前，住所，その他の情報
　□　その他の人　　名前，住所，その他の情報
　□　他機関からの紹介
　□　他の人との関係性
　□　ライフスタイル
　□　その他　_____

2．何を？

　□　何についての意見や気持ちの衝突？
　□　重要と考えている事実は何か？
　□　一番大切と考えていることは？
　□　状況を確認する　例：騒音
　　（いつ，どのくらいの音で，どんな音？
　　どれくらいの頻度で，今までどのような経緯をとっているのか）
　□　その他　_____

3．いつ？

　□　経緯
　□　衝突が起こる時間帯
　□　最近では？
　□　その他　_____

4．どこで（例：騒音）

　□　家で
　□　庭で

> - ☐ 通りで
> - ☐ 部屋の壁をとおして
> - ☐ その他 ＿＿＿＿＿＿＿＿＿＿＿
>
> **5．どのように**
>
> - ☐ 関係者のコミュニケーションは？
> - ☐ 相手をどのように見ているのか　相手方への期待は？
> - ☐ どんなふうに話をしてきたのか，交渉してきたのか
> - ☐ 暴力などは，敵意がどのように表れているのか
> - ☐ 感情的な状況
>   （相手方にどのような感情をいだいているのか？
>   本件についてどのような感情をいだいているのか？）
> - ☐ その他 ＿＿＿＿＿＿＿＿＿＿＿
>
> **6．話し合いの課題は何か**
>
> - ☐ 話し合いの課題をどのように考えているのか，関係者から話される心配の原因
> - ☐ お互いに影響を受けた他の課題についてどのように考えているのか
> - ☐ メディエーションや他の方法で取り組まれる課題には，どんなことがあるのか
> - ☐ その他

次に上記のようなチェックリストに基づきながら，聴き方のイメージとポイントを挙げてみましょう。

❖聴き方のイメージ

(Mediation UK Training Manual in Community Mediation Skill P.148)

ほんの小さな気持ちの変化や言動の変化も見逃さないように聴く

(Sensitive listening) ためには，聴き手のあなた自身とそこに関わるすべての人のバランスをとっていくことが必要です。このバランスをとる一つの方法は，以下の項目をイメージしながら聴いていくことになります。特に，近隣問題などの場合，そこに至るまでの経緯などについて話し手も話がまとまりにくくなり，長くなってしまったり取りとめのない話が続いている時にポイントを押えていく際に重要になります。

聴き手であるメディエーターの「聴く」を助けるポイント
- 話し手の気持ちを理解し，それに応答する。
- まずは自分の価値観を横に置いて話し手が語る通りに，その事実を分析してみる。
- 話し手の話す「意味」を要約してみる。
- 話し手が語ろうとしている気持ちの程度や本質を突きとめる。
- 聴き手である自分自身の気持ちに気づきコントロールする。

では，チェックリストにより聴き方のサンプルを挙げてみましょう。

聴き方のチェックリスト

□ **事実とそこに含まれる内容の確認**

例：なるほど，その音は10時になると出てきて，それが週に3回あるということですね。

□ **意味の確認**

例：○○さんが最初どんなにびっくりされたかお話いただきました。ということはそれまでは，その方ととてもよいご近所づきあいをされていたということでしょうか？

□ **気持ちの確認**

> 例：とても動揺されたようですね。何に一番動揺されたか教えていただけますか？
>
> □**メディエーター自身の確認**
>
> 例：これが自分にどのように影響しているのか？
> どうすれば話し手に焦点を当てることができるのか？
> 自分で何かを決めつけようとしているのではないか？
> ここで結論に飛びつこうとしているのではないか？

話し手，聴き手で両方に役に立つように，感性を鋭く保ちながら，聴くためにはどうしたらよいかの確認項目リストを自分でも作ってみましょう。次にステージ１で申し込まれたＡさんに説明するときによく使う言葉やフレーズをいくつか挙げてみましょう。

❖最初のコンタクトに役立つキーワードとフレーズ

(Mediation UK Training Manual in Community Mediation Skill P.149)

★キーワード

公　平

　　どちらかだけの側につくということはありません，両方の話をじっくり聴かせていただきます。その中で，どちらかが間違っているとか正しいとか白黒つけたりはしません。

秘密性

　　○○さんがお話したいと思うことのみをお相手の△△さんにお話するのであって，もしそれを希望しないのであれば，何も相手にお伝えすることはありません。

メディエーター

　　起こっている口論や言い争いについて直接的にその問題を何とかしようと関わる人というのではありません。しかし，そこに関わる当事者の方たち自身が解決できるように手伝うことになります。

独立性
　どこか他の団体とつながっているとか（警察や役所など），そこからお金をもらっているということはありません。

メディエーションのプロセス
　みなさん自身が納得いく解決ができるように，メディエーターがお手伝いする方法です。

グランドルール
　最初にそこにかかわる人が安心して，できるだけ理性的でいられるように決める最初の約束です。

★一般的によく使うフレーズ
- それは＿＿＿＿＿＿＿ということでしょうか？
- おっしゃったのは＿＿＿＿＿＿＿という理解で正しいですか？
- すみません。その点について聞き逃してしまったようなので，もう一度，詳しく説明していただけますか？
- どうしたいのかということについて何かアイデアをお持ちですか？
- もし○○さんがお相手の方だったら，何をしたいですか？
- それは興味深い点ですね。
- その点についてどう考えていらっしゃいますか？
- ＿＿＿＿＿＿＿について私はこのように感じたのですが，○○さんはいかがですか？
- 前におっしゃったことを私は＿＿＿＿＿＿＿と理解しているのですがどうでしょうか？
- ○○さんはとても傷ついていらっしゃるようですね。
- 他の方法や話し方で何か思いつくことはありますか？
- ＿＿＿＿＿＿＿について後悔されていますか？
- 相手の方にどうして欲しいか私に提案していただけませんか？
- それをしようとする時に妨害するものは何ですか？
- もし，これがうまくいかなかったら，私たちに他にどんなことがで

1 ステージ1
片方の当事者（Aさん）との最初のコンタクト

きるでしょうか？
- そのことについて強い思いを持っていらっしゃることが分かりました。
- 両人ともがとても怒っていらっしゃるのですね。
- どうも私自身が戸惑って，手も足も出ない状態になってしまったようです。何か私たちがここでできることをご提案していただけますか？
- その他

> 自分で考えられる文例を加えてみましょう。

「公平です」「中立です」と言う言葉は，使う方は当然として使ってしまいますが，その言葉を聞いた人にとって，時に冷たく感じてしまうことも事実です。同じことを説明するにしても，聞く方にとっていかに優しく感じられる言葉や態度を選べるかというのは，メディエーターにとって一番はじめに試される能力といっても過言ではないでしょう。

ここで例に挙げたフレーズは，これを使えば良いというのではなく，その場の状況，目の前の人によって柔軟に変更していくことが必要になります。また，このフレーズを言う自分自身も観察しましょう。冷たい口調で言えば，全く違った意味に取られてしまいがちです。特にステージ1では，申込人の方はいろいろな気持ちを抱いて，メディエーターの目の前にいることになります。いろいろな説明やフレーズはメディエーター自身のためにあるのではなく，目の前の方が話しやすい場を創っていくためにあるということを忘れてはならないでしょう。

上述したように申し込みをしてきたAさんは，藁をも掴む気持ちで申し込みをしてくる場合が多く，必ずしもメディエーションがAさんが本当に

43

希望する解決方法ではないことが少なくありません。その場合，この段階で他の解決方法を一緒に考えていくことが必要になります。ではどんな選択肢があるのかを考えてみましょう。

❖最初のコンタクトをして考えられるメディエーション以外の選択肢

(Mediation UK Training Manual in Community Mediation Skill P.150)

当事者は様々な方法を選択することができます。

▎話し合いを持ちながら，お互いへの理解を深めていく▎
―相手と直接話をする
―したいと思っていることを話せる誰かを探す
―したいと思っていることを正式にご近所で話し合う（コミュニティーや町内会での問題の場合など）

▎モニタリング▎
―状況（音の根拠や，虐待など）を正確に記録する
―そこで起こっていることを明確にするために，他の人と一緒に確認する
―他の調査機関，公的機関などに依頼をする

▎証　人▎
―証人になってもらえそうな人を探す
―そこで起こっている問題の解決に役立ちそうな専門機関（音の場合，騒音の専門機関など）に申し込む

▎公的な方法，裁判▎
―警察，役所など公的な機関を探す（日本の場合，法テラス，その他の相談機関などを紹介する）
―他のサポート機関，カウンセリングなどを探す

▎口論や言い争いをやめる▎
―それ以上何も行動しないことを決める

1 ステージⅠ
片方の当事者（Aさん）との最初のコンタクト

―現状でがまんする

　申込人のお話を聴く場合，その意思をご自身の中で明確にしていくための質問が必要になります。この段階でメディエーターにとって役立つ質問の方法は次になります。

❖メディエーターに役立つ質問方法

（Mediation UK Training Manual in Community Mediation Skill P.151）

- ☐ 必要な情報をメディエーターが申込者と一緒になるような感覚で引き出していく。
- ☐ 話し手自身が焦点を当てるのを助ける。
- ☐ 話し手が話していて混乱している点を明らかにする。
- ☐ 話し手が安心して話せる環境を整備し，話しやすい雰囲気をつくる。
- ☐ 話し手が他の見方や可能性を考えることを優しく後押しする。
- ☐ 全般的に話すのではなく，何が問題なのかを明確化して話すことを助ける。
- ☐ 他の方法を考えてみる。
- ☐ 現実的になる。
- ☐ この後どんなことが起こる可能性があるか尋ねてみる。

※そのときにしてはいけないこと
- × 話し手を苦境にたたせる（話し手が試されているような印象を受ける）。
- × 話し手を詰問する。
- × 道徳を説いて説得したり，プレッシャーになるような話をする。
- × 片方の話し手のためだけの質問に答える。
- × どんな答えがされるべきか提案する。
- × 適切でない話題をふる。

第3章　メディエーションのそれぞれのステージ

　メディエーションはあくまでも方法の一つです。たとえ申し込んできたからといってメディエーションの方法を押し付けることはメディエーションの考え方に反してしまいます。この段階で申込者自身がこれからどういった方法を取りたいのかを，申込者自身が決定していくのを支援していくのがステージ1の一番のポイントになります。

　では次にステージ2のメディエーターの役割りを見てみましょう。

❖2　ステージ2　もう一方の当事者（Bさん）との最初のコンタクト

　ステージ2の一番の特徴は，メディエーターがお話をする相手のことを全く知らない状況でお話を持ちかけることです。申込人がいろいろ調べて，メディエーションを申し込んで来る人が多いのに対し，相手方がメディエーションを知っている可能性は極めて低いのも現状です。

　例え，あいさつや案内の手紙を先に送っていたとしても開封しているかどうかは分からず，見ず知らずの人からいきなり電話がかかってくれば，Bさんも防御的になるのもごく自然なことでしょう。防御的になるがゆえに，メディエーターの訪問やアクセスを拒否する場合も出てきます。そのような場合，どのような方法を取ればよいでしょうか。

❖相手方（最初にコンタクトしてきた人とは違う人）とのコンタクト【お会いする前の注意点と準備】

(Mediation UK Training Manual in Community Mediation Skill P.153)

　メディエーターに会いたくない，あるいは拒否しようとする人はたくさんの理由を抱えています。彼らは，先に申し込んだ人が自分に対して文句をいったと憤慨していることもあるでしょうし，メディエーターは自分に反対する立場の人間だろうと思っていることもあるでしょう。そんなふうにメディエーターのことを枠付けしてしまいがちなのです。

2 ステージ2
もう一方の当事者（Ｂさん）との最初のコンタクト

　メディエーターが話してきた問題なんか存在しないと思っている人もいるでしょう。自分は現状のままであって欲しいと思っている人もいるでしょう。

　実際，筆者たちもすべての人がメディエーションに参加することを同意するとは考えていません。しかしメディエーターにとっても相手方とコンタクトをとれない状況は，非常にフラストレーションがたまります。メディエーションとは，メディエーションをとおして，人々がそこにかかわる人や社会の中で，それぞれの人が本来持っている力を豊かにしていき，その力が発揮できるようにしていくことなのです。ここではＢさんが本来持っている力を実感できる状況を考えてみましょう。そのためには以下が必要になります。

- → 身近な情報で，かつ促進的な方法として分かりやすく説明すること
- → 堅苦しくなく，そして中立的で，その場でＢさん自身が本来持っている力を実感しながら話をできる場であるように感じられる手紙をＢさん宛に作ること
- → 広報資料やその他電話連絡などをとおし，メディエーションの前向きなイメージが紹介されていること
- → 裁判などの他の方法のコストやリスクなどについて指摘していること
- → メディエーションに関わるスタッフ全員が公正で中立的に，そして現実的な感覚でメディエーションサービスを確かに提供していること

　メディエーションに気乗りしない相手方の多くは，メディエーターが公平で，誠実で，最初に自分自身のことを考えていることを知った時，そしてそれが申し込んで来た人と全く同じように等しく自分のことと考えてくれていると知ったとき（申し込んだ人だけの味方ではないと知ったとき），動揺してしまうこともあります。

　メディエーターもまた，ＡさんＢさん双方が持っている，「何とか

第3章　メディエーションのそれぞれのステージ

したい」「もっと良い方法を探したい」「幸せに生きたい」という感覚をAさんBさん双方から学ばなければならないのです。メディエーターの仕事は両者，すべてに人に対して前向きな機会を最大限に活かしていくことになります。しかし，AさんBさん双方がメディエーションを選択するかどうかの責任をメディエーターが負う必要はないのです。

では実際に相手方Bさんに連絡するときをイメージして考えてみましょう。

❖相手方への最初のコンタクト【初めてお話するときの注意点】
(Mediation UK Training Manual in Community Mediation Skill P.159)

「はじめまして，○○メディエーションセンターの者ですが……」

　メディエーションの分かりにくい，微妙な役割というのが，相手方への中立的なアプローチと言えるでしょう。その相手方というのが，既にもう片方の人から苦情を言われているにもかかわらず，自らはメディエーションを申し込んでいないという状況だからです（中にはメディエーションという言葉は，聞いたことがあるという人もいます）。

　メディエーターはメディエーションについてどのように紹介すればよいでしょうか？　相手のBさんをホッとさせ，Bさん自身が本来持っている気持ちを表せるようにお話を聴かせていただき，メディエーションに参加しようか迷っている気持ちなども聴かせていただくにはどのようにすることができるでしょう？　事務局とも電話や，手紙などを通して何回も連絡することになるかもしれませんし，顔を合わせることもあるでしょう。もし訪問できた場合，既にメディエーションについての情報を持っているのであれば，メディエーターや訪問についてもっと知りたいと思っているかもしれません。

　メディエーターがどのようにコミュニケーションをとるのかがとても重要となり，そのメディエーターのコミュニケーションこそ，これ

2 ステージ2
もう一方の当事者（Bさん）との最初のコンタクト

から進めていくケースにとってきわめて重要な点に違いありません。自分のことやメディエーションを紹介する時には，次のことが必要です。

→ 短くポイントを絞って話す
→ 言わなければいけないことは覚えておいて，繰り返す（しかもプレッシャーの中で）
→ 情報提供をする（キーポイントを押さえるように）
→ はっきりと分かりやすい言葉を使う

近隣紛争を例に3つのポイントを挙げてみましょう。

1　自分の身分を証明，紹介

「メディエーターであるあなたはBさんにとって誰ですか？」
- 名前，どこの所属なのかを示し，自分自身の役割を紹介する。
- 必要によって，IDカードなどを提示する。

2　3つのN（あくまでもロンドンのコミュニティメディエーションサービスの一例です。）

- Non-legal　私たちはあなたをメディエーションに参加させるような法的なところからきたわけではありません。
- Neighbor Dispute　いままで接してきた近隣のケースの説明する。
- Neutral　どちらかだけの側につくことはありません。

3　焦点を変えてみる

いつでも力になりますということを何気なく伝え，メディエーションへの参加を一緒に考える。

二人のメディエーターが一緒の場合（協同メディエーターP.225参照）の紹介の例を挙げてみましょう。

1　自分の身分を証明，紹介

「はじめまして，○○さん。私たちは××メディエーションセンターから参りました。こちらがIDカードです」

第3章　メディエーションのそれぞれのステージ

2　自分たちの立場や役割を分かりやすく説明

「私たちは特に法的な権力などを持っているわけではないのですが，ご近所との間で起こっている問題や言い争いがあるようなので，その点について何かお手伝いができないかということが私たちの役割になります。私たちはどちらか一方の側だけの味方につくということはありません。ただ，お互いにおっしゃりたいことをおっしゃっていただけるようにお手伝いしたいと思いますし，何かの方法でこの状況をよりよくするお手伝いができればと思っています」

3　焦点を変えてみる

「お隣の○○さんと最近，難しい問題が起こり，××さんもそれについて心配されていることは了解しています。少しのお時間，このことについて○○さんがお話したいことを××さんからもお聞きすることはできますか？」

両者に連絡がつき，ここから両者の話し合いに向けての準備が始まります（相手方の手紙サンプル（P.244参照））。

❖3　ステージ3　AさんBさんがお互いの意見や気持ちの衝突に向き合う準備をする

今まで日本で紹介されてきたメディエーションは多くの場合，AさんBさんがそろっての同席のミーティングをイメージしたものでした。しかし，ロンドンで実際にメディエーションにかかわってみると，ステージ1，2のように別々のアプローチをするもの，そしてメディエーションに同意したあとでも，一人一人とかかわるプロセスというものが多いことが分かります。

もちろん，ロンドンでも多くのメディエーション機関が同席の話し合いを模索することは間違いありませんが，もし，それが不可能であると考えられる場合はどうするのか，ということを，このステージでは考えてみましょう。

3 ステージ3
ＡさんＢさんがお互いの意見や気持ちの衝突に向き合う準備をする

考えられる方法としては，Extra visit（個別な訪問），シャトルメディエーション（同席ではなく，ＡさんＢさんが別々の部屋にいて，メディエーターが双方の部屋を行ったり来たりしながら行うメディエーション），コーカス（途中で別席の話し合いを入れていく。）など様々な方法があります。それぞれの方法には多くの課題やリスクがあることを知り，トレーニングが必要になってきます。

一方，一口にメディエーションといってもモデルは様々あります。その中で，その時々に応じてどのモデルを選択するのかを考えることも，このステージで必要なことになります。本書は主に，facilitative（促進型）のメディエーションを紹介していますが，私自身の経験で言えば，時には新しい理論であるtransformative（変容的なメディエーション（両当事者の方たちが持っている力を実感できるような個人への支援と相手との関係性と支援することで紛争や対立を転換させていくメディエーション））の理論を適用する場合もあります。私の経験からも，家族問題，職場問題などはTransformative Mediationの理論を用いることもあります。

では実際の話し合いのための準備とは，どんなものなのか考えてみましょう。

❖話し合いに向けて準備する
(Mediation UK Training Manual in Community Mediation Skill P.166, 167)

1　メディエーションのスタイルを選択する

メディエーションのプロセスはそれぞれの人や状況にあわせて柔軟に変えていく必要があります。例えば以下の方法が考えられます。

● **複数のメディエーター（協同メディエーターP.225参照）なのか，単独メディエーターなのか**

一般的にロンドンの多くのコミュニティ型メディエーションではパートナーと協同でメディエーションを行うことが多くなっています。

●シャトルメディエーションなのか，同席のメディエーションなのか

シャトルメディエーションとは，同じ日にＡさんＢさんに別々の部屋を用意し，その部屋をメディエーターが行ったり来たりしながらメディエーションを進めていく方法です。両者がどうしても顔を合わせたくない，あるいは，言動などに暴力の可能性がある場合などに利用されます。

●コーカス（同席のメディエーションの間で，別席のメディエーションを入れていく）なのか

ＡさんＢさん両者がそろって話し合いを進めていく中で，どうしても別々の場面で話を聴く必要が出てきた場合に行います。例えば，相手を前にして何かとても話しづらそうなときがあるなど，メディエーターが観察して感じた場合，あるいはＡさんＢさんのどちらかが，「今ここで話せない……」などと発言をした場合です。コーカスを行う場合は，両者がコーカスを行うことに同意していることが必要になります。

●それ以外の選択肢

当事者の方たちのかかわりによってどんな実践が望ましいのか，又はどんな話を同席の話し合いでしたいのかによって，メディエーションのスタイルは変化してきます。特に，難しいと感じられるケースの場合，一息つける時間というのも必要になってきます。また，それぞれがお互いに「宿題」を持ち帰ることもあります。例えば，お互いの情報を確認する，年配の知人に聞いてみる，例えば近隣紛争の場合に，他の近隣の方にお話を聞いてみるなどです。しかし，これらの選択肢は，単に口論や言い争いを引き伸ばしてしまう可能性もあります。

2　協同メディエーターとの準備

① メディエーターとして自分のコミュニケーションスタイルについて，長所や魅力，どんな助けが必要なのかについて，協同メディエーターとよく話し合う。

3 ステージ3
AさんBさんがお互いの意見や気持ちの衝突に向き合う準備をする

② 協同メディエーターと問題となっているケースでお互いに明確でない点について話し合う。
③ メディエーターとしてそれぞれの役割や課題について計画を立てる。
④ 休憩やコーカスの使い方（どんな時に使うか）を決めておく（あくまでも仮に）。
⑤ 協同メディエーターとしてそれぞれが間違えそうな場面を予測し，どのような構成をしていくのか考えておく。
⑥ 会場や部屋を準備する。

> **注意　メディエーターは最初「お客様」として扱われる**
>
> メディエーターが家を訪れる場合，メディエーターそれぞれに同席のメディエーションについての意見や評価を求められることがあります。AさんBさん双方ともにとって「お客様」であるメディエーターにメディエーションについて要点を話してもらいたいと思っています。その説明を通じ，当事者の方たちは同席のメディエーションがどんな風に行われるのかを知っていくことになります。

3　AさんBさん双方の準備

① 同席の話し合いのための書類を準備したり，協同メディエーターに郵送したりする場合があります。これは家を訪問した時にメディエーターが聴いた内容を補完するためのものです。ただ，まだ当事者の方たちは，同席の話し合いに着くまでは不安を抱えているので，メディエーションに関わるスタッフ側はいつでも歓迎している姿勢をとり続けることが必要になってきます。

　　受付担当ケースマネージャーなど担当者が別の場合，又は同席の話し合いで受付担当者などがオブザーバーとして同席する場合など，メディエーター以外の人物がサポートしたり，フィード

バックを行う方法も考えられます。
② 誰が話し合いに参加し，ＡさんＢさん双方の役割はどういったものなのかを事前に知っておくことがとても重要です。同席の話し合いに先立ち，メディエーター，当事者の方達，そこにかかわるすべての人が次のことを理解している状況であることが必要です。
→ 誰が参加するのか明確であるか
→ 精神的な問題が発生した時に支援する体制があるか
→ メディエーションの間（同席の話し合いの前，途中）他の人たちの役割はどんなものがあるのか（通常は話し合いの間は他の支援者，代理人，その他同席者は直接その話し合いには参加しませんが，場合によって参加する必要がある場合もあります。）
③ 他の誰か（何か特定の専門家や，近隣紛争の場合の近所の人など）が参加する場合，その参加をＡさんＢさん双方が好ましくなく感じていた場合は，その人（他の誰か）の参加自体を見直しましょう。そしてその人が話し合いをしている部屋に入ってきた場合と入ってこなかった場合についてそれぞれの効果について考えてみましょう。ＡさんＢさん双方が参加を賛成した場合には，その人の役割について明確にしましょう。もし，途中でその人の参加が必要でなくなったら，その場から退席してもらうよう言い出すことができることも確認しておきましょう。

4　会場と部屋の準備

① 会場はできるだけ，中立的な場所で，アクセスしやすく，気持ちのよい場所を用意しましょう。
② 会場に到着した時に，別々の部屋で待ち，その後一緒に話し合いの部屋に行ける状況があることが望ましいでしょう。
③ 受付担当者など別の人がＡさんＢさん双方が到着した時に出迎えることはとても役に立ちます。受付担当者が，お茶やその他必要なものを手渡したりすることもできるからです。また，例えば，同席して観察することで話し合いの後でメディエーションの

3 ステージ3
AさんBさんがお互いの意見や気持ちの衝突に向き合う準備をする

フィードバックをしたり，通訳をしたり，いろいろな手配を参加者と一緒にすることができます。

④ 下記のようなセッティングなど，いろいろな席の配置が考えられます。

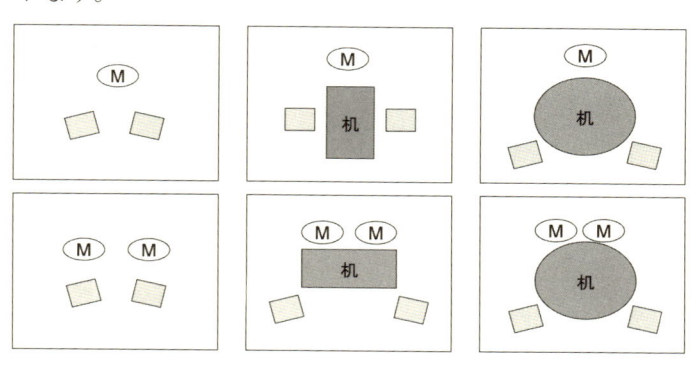

(※M：メディエーター)

5 その他会場に必要なもの

→ 灰皿

→ トイレ

→ 飲み物

→ 筆記用具，紙，模造紙，マジック，ホワイトボード

→ 必要な書類など（例：グランドルールが書いてある紙，合意書フォーム）

→ ケースについての書類

→ 会場にアクセスするまでに配慮する必要があるもの
　　鍵の開閉，階段，部屋が使える時間，身体が不自由な方のためのアクセス

→ 特別に必要な場合に用意するもの
　　医療の準備，食事，通訳，会場の行き来のための交通手段（タクシーの予約など）

→ その他

第3章　メディエーションのそれぞれのステージ

　上述のようにメディエーターは話し合いが始まる前に，AさんBさん双方を通して感じられる難しい局面などについて考えておく必要があります。メディエーションで考えられる難しい局面とは，以下のような局面です。

❖メディエーションのプロセスにおいてとられるそれぞれの難しい例

(Mediation UK Training Manual in Community Mediation Skill P.168)

　例えば近隣紛争の場合，すべての関係者が同席での話し合いをするわけではありません。

　関係者にコンタクトをとる段階で考えられる状況によって，例を少し挙げてみましょう。

> ①　申込人Aは，メディエーター（あるいはその他，メディエーション機関のスタッフ）が相手方Bには連絡をとって欲しくないと考えている。

　このような場合には，申込人Aさん宅にもう一度訪問した上で以下を考えてみましょう。
- 状況が変わるか。
- メディエーションが最良の選択肢なのか。
- 申込人Aさんは相手方になぜ連絡をとって欲しくないのか。

　この場合，このケースをいつまで継続するのかを考えることが必要になります。

　もし，継続するのであればメディエーターがAさん宅を継続して訪問して上記のようなAさん自身の状況を確認し，Aさん自身が自分の気持ちを明確にするため，メディエーターとAさんが一緒に考える時間が必要です。一方，これ以上かかわりを続ける事ができない，あるいはAさんBさん双方にとって続けるメリットがない場合は中止になります。

56

3 ステージ3
AさんBさんがお互いの意見や気持ちの衝突に向き合う準備をする

> ② Bさんの家には行ったが，BさんはAさんに会いたくないと考えている。

　シャトルメディエーションを考えましょう。両者が会うことなくお互いに交渉していくのを促進していくような方法をとります。また上記①と同様に，相手方Bさん宅への二度目の訪問も考えます。
　メディエーターの役割は次のステージ4のメディエーターの役割をシャトルメディエーションで行っているものと同じです。それぞれの情報や，考え，気持ちを一方側からもう一方側に歪められたり，操られることなく，通じさせていく工夫が必要になります。

> ③ AさんはメディエーターがBさんの家に行くことには賛成したが，同席での話し合いはしたくないと考えている（逆もまた同じ）。

　上記②と同様に第2回目の訪問が有効的です。異論を唱えている相手と将来コンタクトするかもしれない可能性を一緒に考えるなどの関わり方を通じて，考えていくことが必要になります。特にBさん側が同席での話し合いを希望している場合は必要です。

> ④ 両方とも同席での話し合いに賛成していたにもかかわらず，当日は片方しか来なかった。

　来なかった方，あるいは双方ともう一度コンタクトを取ります。両者にとって続ける可能性がある方法や，他の日に訪問することなどを考えるため，まずは電話をしてみましょう。

　訪問や話し合いを拒否されることは，メディエーターにとって，とても大きな精神的なダメージを与えます。ではAさんBさん双方に対してメディエーションに向けてどのように働きかけることができるでしょうか。
　具体例を見てみましょう。

❖メディエーションに向けてそれぞれに働きかける

(Mediation UK Training Manual in Community Mediation Skill P.169)
(Peacemaking in you Neighborhood-mediators Handbook Jennifer
E Beer Friends Conflict Resolution Programs 1990　抜粋編集)

　人は気持ちのどこかでメディエーションをすることを望んでいて，自分自身でもそれを理解しているのですが，その心境を受け入れられないときもあります。そんなときメディエーターは，参加を強制されたと思われないように注意しながら，参加者が参加したいという気持ちになるよう働きかけます。

情報を提供する
- → メディエーターが何かを強制することはありません。当事者の方がすべてを決定します
- → もしメディエーションがうまくいかなくても，他の方法を取ることができます
- → 直接話したくなくても大丈夫です。危害を加えないようにお願いすることや助けを求めることができます
- → どんな合意もそれが最終ではありません。試してみていつでも何度でも話し合いを再開することができます

メディエーションの長所や機会について指摘する
- → 攻撃的な態度をしないようにし，話し合いを促進する雰囲気をつくれるようなルールを設定することができます
- → 話したいこと，そして聞かれたいことを話すチャンスがあります。
- → 公平な時間と場所が確保されています
- → それぞれの人がもう片方の人のことを理解することができ，新しいアイデアを見つけることができます

他の方法を検討してみる
- → 何か他の方法はありませんか？　どうやってそれを行っていけばよいでしょう？　他にできることはありませんか？
- → 裁判は費用も時間もかかりますし，そうなって欲しいと思う結論

3 ステージ3
AさんBさんがお互いの意見や気持ちの衝突に向き合う準備をする

- になるという保証はありません
  - → もめごとは，より良い方に向かう前に悪く向かうことはありません
  - → お互いに話をできなくなっているのであれば，メディエーションほどお互いに交渉できる機会はありません

現実的になる
  - → メディエーションは双方が希望していること，聞きたいこと，話したいこと，交渉したいことを実現する方法です
  - → AさんBさん双方ができることのみ話し合います
  - → 結果に拘束力はありませんが，信頼の上に成り立っています

この後どんなことが起こる可能性があるか尋ねてみる
  - → 何かアイデアはありますか？　それで最終的にどんな風になると思いますか？
  - → メディエーションをしなかった時の影響を考えたことがありますか？

もう一度よく考えてみる時間をとる

　どうしても顔を合わせて話し合いたくないというような場合，あるいは暴力などのリスクが考えられる場合，シャトルメディエーションを行うことがあります。シャトルメディエーションはAさんBさんに別々の部屋を用意し，メディエーターが行ったり来たりしながらメディエーションを行う方法です。

❖シャトルメディエーション（P.52参照）

(Mediation UK Training Manual in Community Mediation Skill P.172)

　シャトルメディエーションは明確な状況のもとでは発展的で，パワフルな方法になります。

　下記のリストは，シャトルメディエーションが当事者の方にとって

第3章　メディエーションのそれぞれのステージ

より好ましい選択肢であるかどうかチェックする際に利用しましょう。

シャトルメディエーションの可能性についてのチェックリスト

当事者の方たち
- ☐ 不信，恐れ，かなり高いレベルでの疑心。
- ☐ 最近エスカレート（激高）してしまった，暴力のリスク。
- ☐ 面目を保ちたい，同じ部屋で顔を合わせることにリスクを感じている，でも何とかしたいと思っている。
- ☐ 顔を合わせると力のバランスを維持するのが難しい。
- ☐ 両者の人間関係が壊れ切っている。

お互いの課題
- ☐ 慎重に扱われるべき，そして難しい課題や態度（ドメスティックバイオレンスなど）が含まれている。
- ☐ 既に何回も顔を合わせて話し合っている（シャトルメディエーションで，そういった状況を少しでも少なくすることができます。）。

メディエーター
- ☐ 当事者の方たちとまだ，顔を合わせての話し合いはスタートさせたくない。
- ☐ 当事者の方たちがどのようにしたいのか，どのような解決方法をしたいと思っているのか，もう少し確認する必要がある。

シャトルメディエーションを行うということ
- ☐ メディエーターの主な役割は次のステージ4とほぼ同様です。
- ☐ お互いの情報や考え，気持ちをどのように伝えていくか注意深く考えましょう。
- ☐ 交換された情報をしっかり確認していきましょう。
- ☐ メディエーションの後，当事者の方たちがどのようにコミュニケーションを取り，今後どのようにコンタクトを取るのかを一緒に考え確認していきましょう。
- ☐ 当事者の方たちから提案された解決策が本当に理解されているかどうか，その約束が守れるか，しっかり確認しましょう。

4 ステージ4
両者との話し合いの席でAさんBさんそれぞれの課題をお互いに聴く

　シャトルメディエーションは両当事者にとってメリット・デメリットがあります。両者がそろわない分，守秘義務の点はAさんBさん双方にしっかり確認を取る必要があります。またシャトルメディエーションのあと，AさんBさんどちらかが同席を望んだ場合も，お互いの気持ちや状況をしっかり確認することが必要です。
　メディエーションの準備ができたところで，いよいよ両者の話し合いのステージになります。

❖4　ステージ4　両者との話し合いの席でAさんBさんそれぞれの課題をお互いに聴く

　両者が話し合いにつくとはどういうことなのか，まずお互いの状況や気持ちをイメージしてみましょう。

❖AさんBさん双方の課題を聴く

(Mediation UK Training Manual in Community Mediation Skill P.173)

　まず，想像してみましょう。長い間，ご近所の人と口論や言い争いになってしまいました。そして同じ場で話し合うことを同意し，メディエーターと自分がとてもよく知っている相手と顔を合わせて一緒に座っているのです。その相手とはまさに自分を悲しませ落胆させる対象です。さてどんな風に感じますか？　何が一番必要でしょう？
　顔を合わせた話し合いの最初の段階で感じる気持ちは多様です。その口論や言い争い，そして相手を通じて今まで感じた気持ちを思い出してしまいがちです。この話し合いの場についていろいろな気持ちが入り混じってきていることをどうぞ忘れないでください。
　この時点でメディエーターは自分自身の気持ちをコントロールし，両方に対して前向きに応えていく必要があります。その場で当事者の方たちに自分の気持ちや状況をお話しいただく前に，まずは環境を整

第3章　メディエーションのそれぞれのステージ

備する必要があります。メディエーションはそれぞれの気持ちや，そこにかかわる物語を段階を追ってお話いただく場になります。しかし既に口論や言い争いになってしまっているような場合には，お互いにコミュニケーションをとったり，自分を表現する方法は取れない場合が多くなっています。メディエーターの仕事は，両当事者の方たちがその構造を理解して使えるように助けていくこと，そしてこれから行おうとすることが見えない時や混乱したりしている時にサポートすることです。メディエーターはメディエーションのプロセスを当事者の方たちが利用するのを助け，双方の間で起こっている表面に出てくるどんな緊張や葛藤も感知することが必要になります。

メディエーションは，お互いにメディエーションをどのように理解しているか，メディエーションの参加に同意しているか，どのように話し合いが進められるか，参加者それぞれの役割はどういったものなのか，お互いに何を期待しているのかなどの確認なしに始めることはできません。このステージでは，メディエーションの紹介，このステージでの緊張や葛藤，話し合いの席で表面に出てくる気持ちや言動についてどのように対応していくかを考える必要があります。

両者，そしてメディエーター自身も緊張した状態でいよいよ話し合いが始まります。メディエーター自身がリラックスすることが前提になりますが，当事者の方が安心して話し合いに臨んでいられるために，話し合いの最初の場面でのメディエーターの言動はとても重要な点になってきます。では，最初に何を話せばよいのか，具体例を挙げてみましょう。

❖メディエーターの話し合いでの最初の言葉

(Mediation UK Training Manual in Community Mediation Skill P.179)

1　歓迎の言葉
2　メディエーターの自己紹介と名前の呼び方の確認

4 ステージ4
両者との話し合いの席でAさんBさんそれぞれの課題をお互いに聴く

AさんBさんの名前の確認とともに，AさんBさんともその場で何と呼ばれたいのかを確認する。

3 メディエーションの目的やねらい，メディエーターの役割などを簡単に説明
- → それぞれが話したり，聴いたりする場合に同じ機会があること
- → 解決策へのアイデアを現実的な方法で参加者全員で模索していくこと
- → この場では間違っているのか，正しいのかなどの判断をしたり，決断をしたりはしないこと
- → 過去に起こったことから何をすべきかということを決定するのでなく，これからどうしていくのかを一緒に考えていくこと
- → 当事者の方たちのペースで進めていくことができるように，それぞれの経験が活かされること，必要に応じて休憩をとっていくこと

4 グランドルールの一例を挙げてみましょう。

これは当事者の方たちによって期待される事も違ってきますので，柔軟にアレンジしていく必要があります。

（模造紙やホワイトボードが便利です。話し合いが始まる前にグランドルールが書かれたカードなどを渡しておく方法も有効的です）

グランドルールの例

- お互いによく聴く

  お話できるのはその時ひとりだけです。

- AさんBさんそしてメディエーターにも心を開いている場であること

  ここにいる人すべてが，自分以外の人にも心を開いている状態でいられればと思っています。お互いに求めている情報を提供し，解決の可能性についてもこの場で話し合っていきましょう。

- **少しだけ忍耐，我慢が必要であること**
  　私たちはこの部屋にいて，席に着いていることが前提になります。何か問題や疑問が生じた時には話し合いましょう。
- **秘密（メモ）の扱い方**
  　最終的な合意書以外，すべてはこの部屋から持ち出すことはありません。メモは破棄します。またメディエーションで話されたことは裁判で利用されることはできません（筆者注：ロンドンのコミュニティ型メディエーション機関のグランドルールです。）。
- **お互いに尊重し合いましょう**
  　お互いに非難したり，中傷したり，暴力的な言葉を使うのはできるだけ避けましょう。
- **コントロール**
  　怒りを強く感じたり，とても緊張が高まった場合は，メディエーターが休憩をとることがあります。また，メディエーターはその場ができるだけ建設的に進むようにいろいろな方法を使うことがあります。例えば，お互いに中傷するのを止めたり，過去についてこだわりが強い時に，将来に向けて焦点を当てるという方法です。
- **自主的な参加**
  　もし，この方法で進めたくないなと思った時は，いつでも，他の方法にして欲しいとメディエーターに言い出すことができます。
  　席を別にしての話し合いなども可能です。

5　どのように話し合いが進められるかの説明
　→　いろいろな道具や設備，休憩について，話し合いがどのように進められるかの説明
　→　誰が最初に話すかなど，プロセスの概要

4 ステージ4
両者との話し合いの席でAさんBさんそれぞれの課題をお互いに聴く

→ 合意文書がどのように作成されるか，そして裁判とのかかわりなど。
6 質問があるかどうか尋ねる
7 双方の方たちに，その他参加への希望を尋ねる

　メディエーターの最初の言葉には，以下の考え方が基本的な考え方になっています。
　── メディエーターは以下を考えることが必要です。
　　→ 偏見や先入観を持つことなく，お互いに約束を一緒に創っていくということ
　　→ メディエーターは「考え違い」や「誤解」を扱っているということ
　　→ メディエーターの役割，メディエーションのプロセス，守秘義務の件などを当事者の方たちが理解できるような方法で分かりやすく紹介する
　　→ AさんBさん双方とも信頼関係を築けること
　　→ 落ち着いた雰囲気を創り上げること
　　→ 適格で分かりやすい言葉を使うこと
　　→ 当事者の方達が何をしたいのかを話せるように準備すること
　　→ 協同メディエーターとしてモデルになること

　ただし，メディエーターの最初の言葉には状況や，そこに集まる人によって柔軟に適用することが必要です。それらの違いを理解するためにも，同じグループの仲間にどんな配慮が必要なのかなど確認することも必要です。

　メディエーターの「最初の言葉」で始まった話し合いでは，お互いが「本当に大切だと思っていること」を聴き合う中で，それぞれの話し合いたい課題を明確にしていくことになります。
　では，課題を明確にしていく方法を具体的に見てみましょう。

第3章　メディエーションのそれぞれのステージ

❖課題の設定1　それぞれの課題を聴く

(Mediation UK Training Manual in Community Mediation Skill P.185)

　AさんBさん双方からの発言を要約する際には，お互いにあやふやなまま感じている言動や，非難している言葉などが含まれないように組み立てられることが求められます。特に，お互いに非難し合っている場合は，デリケートな問題を絡んでいることが多くなりがちです。

建設的な要約とは

→ AさんBさんそれぞれがお互いの気持ちを受け入れ，認め合っている
→ AさんBさんがお互いに話し合いたい主な課題が要約されている
→ AさんBさん双方の心配ごと，可能な限りの共通概念，言動の釣り合いがとれている
→ 人を見下したような表現を避け，話した内容を変更していない
→ AさんBさん双方が日常使う自然な言葉が使われている
→ AさんBさん双方の意見がチェックされている

話し合いで話し合うべき課題を決めるために要約の優先順位

　AさんBさん双方それぞれのお話が終わった時点で，メディエーターはそれらのお話を要約し，何について話し合うのか，話し合う内容に対して双方が賛成しているのかを確認する必要があります。ここでは，全般的な要約が有効的になります。この要約にお話した内容を「選択する」ことも必要になってきます。この選択という作業では，以下をしっかり行うことが必要です。

→ AさんBさん双方の視点を現実的に反映していること
→ AさんBさん双方が大切にしたいと思っている要素が含まれていること
→ メディエーションでは解決できないような課題は省かれていること（P.69参照）
→ AさんBさん双方がメディエーションをとおして何を得たいと考

4 ステージ4
両者との話し合いの席でAさんBさんそれぞれの課題をお互いに聴く

えているかの話しや意見が含まれていること
→ 将来の可能性に焦点が当てられていること
→ AさんBさんがお互いに共通の認識を持とうとする意識が表れていること
→ 敵意や非難が別の言葉で言い換えられていること（P.133〜（5章メディエーションのスキル❖4リフレーミング）参照）

❖課題の設定2　メディエーションで話し合う課題を明確にする

(Mediation UK Training Manual in Community Mediation Skill P.186 187 (Peacemaking in you Neighborhood-mediators Handbook Jennifer E Beer Friends Conflict Resolution Programs 1990　抜粋編集))

すべてのメディエーションのプロセスにおいて，メディエーターはAさんBさんがメディエーションで何を話し合うのが良いのかを明確にすることが求められます。既に訪問している時にその点は明確にされていることもありますが，多くの人が，顔と顔を合わせていざ話し合い，自分の話をしているうちに，メディエーション的でない課題も見つけてしまうことが多いものです。次にメディエーター用のガイドラインを示します。

メディエーター用ガイドライン

メディエーションが始まった時点では以下のようなものが課題に含まれます

→ 態度や，金銭，その他，不快を表明している課題（苦情など）
　（例：騒音，駐車場の問題，所有物への損害，支払いに関する損害，庭のメンテナンス）
→ AさんBさん双方が自分達だけで解決できる力（権限）をもつ課題
　（例：共有スペースで起こった問題であること，修理する責任があるなど）

第3章　メディエーションのそれぞれのステージ

→ 家主や他の機関などが決定しなければならないことなど，別の人への批判的な行動や課題ではないこと。ただし，それらの人と一緒に何かを行う場合は，メディエーションの参加者を別途考える必要がある
→ ＡさんＢさん双方が次に何かを行おうと心構えがある課題
→ ＡさんＢさん双方がお互いに交渉したり，解決しようとするのに，双方とも同等の力を持っている課題
→ 特別な専門知識が求められない課題

以下は，話し合いの最初の段階で課題として取り上げるには向かない課題です

→ 自分の気持ちではなく，相手の気持ちを決めつけている状況について
　（例：○○さんには怒る権利はないです!!）
→ 価値観
　（例：良い住人というのはあんなふうにしないもんでしょ!!）
→ 自分の態度ではなく，相手の態度について言及している場合
　（例：私たちは彼女が正気じゃないと思うんです!!）
→ 事実の解釈が先入観で決めつけられているような場合
　（例：彼はまるで，自分がこの場所を所有していると思っているに違いありません。それが問題なんです!!
　　　彼らはわざとそれをやってるんです。）

メディエーションの課題として取り上げるか取り上げないかを考える場合，次のような視点が役に立ちます

①　メディエーターはＡさんＢさん双方が合意できそうもない気持ちや態度について，それぞれが言葉や態度で表し話し合うのを助ける。そして表すことができたら，次にそれぞれが実現できそうな課題に移っていく。

4　ステージ4
両者との話し合いの席でAさんBさんそれぞれの課題をお互いに聴く

② 抽象的な課題を行動的な課題に言い換える。

> 例：「○○さん。尊敬することが大切だとお話いただきました。自分が尊敬されていると感じる場面についてもう少し詳しくお話いただけますか？」

③ 話しやすい場を創り，話し合いの課題と取り上げる理由と取り上げられない理由を述べる。

④ 今後どのようにしたいか尋ねる。

> 例：「今まではっきり，どうして手紙が灰皿に入れられてしまっていたかについて知らなかったのですよね。もう一度同じことが起こらないようにするには今後どうしたいですか？」

⑤ もし，メディエーションにふさわしくない課題について焦点を当てて欲しいと希望が出た場合は，メディエーションではないどこか他の機関に連携するなどが必要です。そして今後お互いに，その課題についてどうしたいのかについてAさんBさんが結論を出すのを助けていくことになります。

⑥ AさんBさん双方と一緒に考えたメディエーションと取り上げる課題，取り上げない課題を書き出し，確認していく。

メディエーションを始める，又は続けるには難しい課題です。

→ アルコール，薬物依存など
→ 暴力などがかかわっている，あるいはかかわりそうなケース
→ 虐待的な関係性のもの
→ セクシャルハラスメントや人種的なハラスメント
→ 自分で話をすることができなかったり，約束を守れない人
→ 両当事者の間に，明らかに力の不均衡さがある状況
→ メディエーションを通して誰か全く別の人を批判する状況，あるいはメディエーションを通してその人に対抗するための情報を得ようとする

担当するケースに上記のようなリスクがあるかどうかはメディエーター同士でよく話し合う必要があります。もし，メディエーション中に前記のようなリスクが起こりそうだなと感じてもすぐ中止しなければいけないということではありません，他のメディエーターや，協同メディエーター，管理者に相談しましょう。このようなリスクが起こる，あるいは起こりそうなときに備え，実施団体はガイドラインを設ける必要があります。

以下は，もし話し合いの途中でこのようなことが起こったら，あるいは起こりそうになった場合の対処方法の一例です

→ 休憩をとる

　　メディエーター自身がどのようにしたいのかを明確にする時間をとりましょう。そして協同メディエーターと話し合いましょう。このような状況下では，組織として最良の判断をする必要があります。

→ 協同メディエーターと相談する

　　一人で行っている時に起こったら，すぐ他の人に電話をかけましょう。

→ 個別のミーティング（コーカス）を入れる

　　それぞれの情報，感じていること，今後どのようにしたいか，メディエーションを続けることができるかなどをチェックするためです。別々に話しを聴いた個別の情報については，特に慎重になる必要があります。

→ メディエーターの動揺を表さないようにしましょう

　　それぞれの自信や両者の信頼関係の土台を壊すことになってしまいます。

メディエーターが話し合いを終了しようと決めたら

話し合いを続けることで両者がそれ以上非難するなどより傷つく状態が続くことは避けましょう。

4 ステージ４
両者との話し合いの席でＡさんＢさんそれぞれの課題をお互いに聴く

ほかの選択肢や必要に応じて，他の機関を見つけるために話し合いの時間をつくりましょう。

メディエーションはその場その場で，ＡさんＢさん双方，そしてメディエーターのそれぞれの言動がお互いにいろいろな影響をし合って動いています。その中で，メディエーターにとって，衝撃的な，あるいは精神的にも少しショックなことも起こることもあります。どんなことが起こり得るのか，そしてその時にはメディエーターはどうしたらよいのかを具体的にいくつか考えてみましょう。

❖ メディエーターにとってインパクトがある出来事とその時の対応

(Mediation UK Training Manual in Community Mediation Skill P.188)

インパクトがある出来事が起こったときにメディエーターに必要な４つのR

①　**Relax（リラックス）**
　　自分自身の身体に何が起こっているのかに注意する。深呼吸をし，緊張をゆるめ，必要に応じて席の場所などを変える。

②　**Respect（尊敬する）**
　　これからどうなるのかなど憶測しない，非難しない。

③　**Reflect（自分と向かいあう）**
　　もう一度考えてみる，何が起こっているのかをもう一度配慮する。この部屋の中にいる人全員にどんな影響があるかをよく観察する。

④　**Respond（応じる）**
　　建設的になる，話しやすい場を作り出す，自分（メディエーター）がすることにどんな影響があるのかをしっかり見る。

第3章 メディエーションのそれぞれのステージ

❖難しい言動とメディエーターの応答例

(Mediation UK Training Manual in Community Mediation Skill P.190)

当事者の方たちの言動	メディエーターの応答
けんかのような激論になってしまった，お互いに話しているのを遮って話し出す	「一度，お話するのをやめていただいてよろしいですか。お二人が一緒にお話されると，何をおっしゃっているのか聞き取れないのです」
(上記のような状態が再開してしまう)	「私たちが最初にお約束したグランドルールを思い出しましょうか。このようにお話し合いが中断されてしまうのが，2回目なので，これ以上はこのような状態を続けたくないと考えています」
(また再開してしまった)	「やめましょう。ちょっと待ってください。次の5分はけんか口調でお互いに話すのをやめましょう。もしこのような状態が続くのなら，別々にお話を聴く方法をとっていただくこともできます。この方法に賛成されますか？」
(またすぐ再開してしまった)	次の点を考慮し，コーカスや他の方法を考えましょう。 →どのようにしたらメディエーションを続けられるのか →AさんBさん双方は何を望んでいるのか →メディエーターであるあなたはAさんBさん双方に何を望んでいるのか
混乱したり，動揺している	AさんBさん双方に同じ時間と場を提供するようにしましょう。 ・話し出しやすいようにお話を聴かせていただく。 ・気持ちを表現しようとすることに対して干渉しない。 ・お互いにコンタクトしようとする気持ちを支援し続ける。 「〇〇さん，××さんのお話をもう少し，続けていただいても良いですか？」 ・支持する気持ちを表す。 「泣きたい時は泣いても大丈夫ですよ」 ・どちらかが話を続けたいと思っている

4 ステージ4
両者との話し合いの席でAさんBさんそれぞれの課題をお互いに聴く

当事者の方たちの言動	メディエーターの応答
	時は，もう一方がどのような言動をとっているのかチェックする。「お話を続けても大丈夫ですか？」 ・気持ちの背景にある理由について深める。「○○さん，動揺されている理由についてもう少し詳しくお話いただけますか？」 ・AさんBさん双方がお互いにそれぞれの話に応答できるように促進していく。「○○さん，××さんがどれだけ強く感じていたかご存知でしたか？他に言いたいことはありますか？」
かかわりたくない／閉じこもってる場合 （直接相手と話さない状態が続いてしまっているような場合）	「……についてお話できますか？」 「○○さんがこのようにお話しなさっていますが，そのことについてどのようにお話されたいですか？」
絶望感を表現している	それぞれの気持ちを確認し，理由について話し合い，その状況を変えるためには何ができるか，メディエーションの前向きな局面に焦点を当てて話を進めましょう。
抽象的である。屁理屈をこねている	「もう少し，話題を絞ってお話いただけますか？」 「私にはこの課題がここでは大事に思いましたが，この点をみなさんに理解していただくためには，他にどんな言葉で説明したらよいでしょうか」
ここから出て行くぞとメディエーターや相手を脅かしている	「あと5分だけご一緒できませんか？なぜこの場を離れるのか訳をお聞かせいただけますか？」

　上述のように，AさんBさん，そしてメディエーターはお互いに影響をしあっています。その中では，自分が意図的であってもなくても，自分以外の人がどのような気持ちや状態になっているのかを外からは判断できないときがあります。しかしながらメディエーターは微妙な空気感や，AさんBさん，そしてメディエーター自身の微妙な心の動きや，細かい言動の変化を見逃さないことも必要です。

メディエーターが思いもよらない多様なことが起こり得ます。その時，メディエータの役割，しいて言えば，メディエーションのねらいというものをその場で振り返ることが必要になります。メディエーションは決して何事に対しても強制されるものではありません。メディエーターにとってインパクトのある出来事はＡさんＢさん双方にとってどのように受け取られているのかを確認していくことが必要です。

❖5 ステージ5　メディエーターとＡさんＢさん，参加者全員がそれぞれの課題について一緒に考えていく

　ステージ4でお互いに聴いていた本当に大切に考えていることの中から，ＡさんＢさん双方が話し合いたい課題が出始めます。それら課題の中からメディエーターは，どの課題から話し合えば，話し合いがスムーズに進められるかを考えていくことになります。

　しかし，この課題の抽出にもＡさんＢさん双方の賛同が必要です。メディエーターが無理強いすることはないようにしておくことが必要です。

❖ＡさんＢさん双方から出されたお互いの課題についてよく検討する

(Mediation UK Training Manual in Community Mediation Skill P.190)

　何について話し合うかということについて両当事者ＡさんＢさん双方が賛同したら，時間を置かず，そして途中の休憩などでなるべく時間が遮られることのないように，お互いの課題についてよく検討する時間をつくっていきます。その時間ＡさんＢさん双方が，質問に答えたり，主な課題について詳細を一緒に考えたりしていきます。

　しかし，このプロセスはその場のＡさんＢさんお互いの理解によって構築されるものであって，だれが正しいのか，間違っているのかを証拠づけて判断するプロセスではありません。そこが裁判との一番の

5　ステージ5
メディエーターとAさんBさん，参加者全員がそれぞれの課題について一緒に考えていく

違いです。メディエーターはAさんBさん双方が口論や言い争いをお互いにそれぞれの人がどのように認識しているのか，など，AさんBさん双方がその人が本来持っている気持ちや事情等を安心して表せるようにします。可能な限り，AさんBさん双方が今後どうしたいのか，彼らが何をしたいのかを話していただくためには，どちらか片方の人だけが考えている状況が膠着する前に，双方の懸念を表明したり，気持ちや事情を安心して可能な限り表せるようにしていくようにしていくのがメディエーターの主な役割になります。

　このステージでは，メディエーターはファシリテーター（話し合いの促進役）になります。両方の当事者の方たちが話し合いをとおしてお互いの理解を深め，解決に向かうのをお手伝いしていくことになります。それぞれがお互いのことを心配していることなどを話し始めると，明確になってきた課題の中から，お互いに受け止めやすいアイデアが思いつき始めます。このようなアイデアが出始め，将来について焦点を当てはじめたらステージ6に移り始めます。課題のいくつかが，どうしても動かなくなってしまった時は，メディエーターは残ってしまっている課題について，もう少し前の段階に戻って考えてみるかどうするか決めるのをお手伝いしていくことになります。

　上記のように，メディエーションのプロセスはかなり流動的です。ある課題は一気に解決に向かうこともありますが，一方で話を進めるのが難しく，時間やエネルギーが必要なものもあります。ステージ5はメディエーターが前向きな焦点を維持し，両当事者AさんBさん双方が建設的に進んでいくステージになります。

　ではお互いに理解を深めていくためには何が必要なのか，メディエーターの役割から考えてみましょう。

第3章　メディエーションのそれぞれのステージ

❖ 話し合いの中で，お互いへの理解を深めていくには何が必要なのか

(Mediation UK Training Manual in Community Mediation Skill P.205)

メディエーターの役割りは

→ AさんBさんがお互いに見ている視点で真実をはっきり提示できるようにする

→ AさんBさんの気持ちを表現できるように工夫する

→ AさんBさん双方がそれぞれ何をしたいのかを明確に伝えられるように

→ AさんBさん，メディエーターは基本的なルールを理解し，守る

→ AさんBさん双方がお互いにそれぞれの相手が抱えていることをよく聴くようにする

→ AさんBさん双方がお互いに理解しようと思えるようにする

→ AさんBさん双方が新しい情報とアイデアを考える準備ができるようにする

→ AさんBさん双方が何をお互いに提案しあえるか見つけていけるようにする

→ AさんBさん双方が過去から離れ，将来に向かって何かを考えられるようにする

→ AさんBさん　メディエーターはどんな合意ができるかを考え，それを守っていくことを約束していく

　ここで大切なのはメディエーションはAさんBさんが主役であり，メディエーターは両者の自己決定をお手伝いするために参加しているという，メディエーションの基本的な考え方です。上述の「メディエーターの役割り」でしつこく，主語を入れたのもそのためです。あくまでも主役はAさんBさん双方であることを忘れてはならないでしょう。

　ステージ5では，メディエーターは話し合いの進行役，つまりファシリ

5 ステージ5
メディエーターとAさんBさん，参加者全員がそれぞれの課題について一緒に考えていく

テーターとしての役割が強く求められます。わが国ではファシリテーションは会議の進行などの方法の一つとして知られるようになってきました。お互いに異なる意見を持っている人の話をいかに進めていくかという方法です。メディエーションの中でも特に今回紹介している促進的なメディエーション（Facilitative mediation）では，ステージ5の段階でファシリテーションの要素が含まれています。以下ファシリテーションとの共通点を見出しながら，メディエーターのファシリテーターとしての役割をまとめてみます。

❖ファシリテーターとしてのメディエーターの役割

(Mediation UK Training Manual in Community Mediation Skill P.206（Reproduced with permission from Peacemaking in Your neighborhood-Mediator's Handbook Jennifer E Beer, Friends Conflict Resolution Program 1990))

1　Facilitate（ファシリテート）とは

シンプルな意味では「より容易に〜できるようにする」という意味です。ファシリテーターは参加者が共通の目的を持って行動することに集中させるようにします。メディエーションでは，すべての参加者が合意を受け入れやすくできるようにメディエーターが動いていきます。ファシリテーターとしてのメディエーターの役割は以下の通りです。

① **参加者全員の自信を開花させる**

参加者にエネルギーと勢いを提供する，「みなさんならできます‼」という心持ちを言動で示していくことが必要です。

② **話し合いの方向性を示していく**

参加者の役割に生産的なアプローチを提供していきます。グランドルールを設定，お互いに分裂している状況の中で　話し合いを継続するように努めるなどです。

③ トーンを整える

　その人が本来持っている気持ちや事情を安心して表せるようにしていけるような雰囲気を作っていきます。その中で難しいこと，不快なこと，やる気がでないようなことに関わっている参加者を支援していきます。

④ 全体を見渡す

　一つの問題を自分からの視点でしか見ていない状況を，お互いの視点で見ること，過去の視点から将来の視点で見据えていけるようにお手伝いしていきます。

⑤ 前に進んでいる感覚を表す

　参加者に矛盾がある中で，やる気を引き出して，一緒に「ここまで既に一緒にやってきている‼」という感覚を，参加者が思い出せるような工夫をしていきます。

では，メディエーションにおいて必要なファシリテーションスキルとはどんなものでしょうか。

2　メディエーションにおけるファシリテーションスキルとは

① **メディエーターが参加するにあたり配慮すべきこと**
- → ＡさんＢさん双方の話，そして自分自身の内面からの声も聴くこと
- → 静かで安心できる場を設定すること
- → 双方の気持ちと，話している内容をお互いに理解しようとする気持ちを持っていただくこと
- → メディエーターが言葉や言葉以外のサインや合図に敏感になること

② **モデルになるように努力すること**

　メディエーターの言動は参加者にとって，そのままのお手本になります。

5 ステージ5
メディエーターとAさんBさん，参加者全員がそれぞれの課題について一緒に考えていく

③ AさんBさん双方の理解に対応すること

AさんBさん双方がどのように理解しているのかチェックし，それに対応していきます。

例えば，それぞれが考えていることを明確にし，話し合いのトピックを定義づけていきます。そのためには，以下のようなスキルが含まれます。

→ 要約
→ 明確化
→ 感情的な動きを認識すること
→ 自分自身（メディエーター自身）の意見を保留すること

④ 情報を集めること

質問を有効的に使うことで情報を取り出し，参加者がその情報をどのように使っていくか決めるのを助けていきます。

有効的な質問

→ 必要な情報を引き出せる
→ 話し手が焦点を当てるのを助ける
→ 混乱している点を明確にする
→ 話し手が他の視点や可能性について考えようとすることをおだやかに挑戦させる

しかし，これはしてはいけません。

× 話し手が試されているような感覚にさせてしまう
× 詰問するような質問
× 説教をしたり，裏を感じてしまう言葉を使う
× 話し手の質問にダイレクトに答えてしまう
× 答えがどのようになるべきか提案してしまう
× 関係のない題材について調べてしまう

⑤ 沈黙を守ること

これはある意味，その場から立ち去る人，助けて欲しい人が誰なのかを試すことになります。アドバイスや意見，共感，道徳的判断

に抵抗するのは容易なことではありません。それぞれの人が、自分の力で解決できるように、そこにかかわる人と人や社会のかかわりの中で、それぞれの人が本来もっている力を豊かにして実感できるようにしていくことが必要なのです。

⑥　**具体的な表現に翻訳すること**

　ファシリテーターは話し合いをある特定の話題に持っていく必要がある時があります。これは、それぞれの人が自分のためだけに話をしている時、トピックをできるだけ具体的にして、一口サイズの大きさにしていき、一般的な発言を描写的なものに翻訳していく必要があります。

> 例：「彼は嫌なやつだ」→「彼は1日2回電話をかけてくる」
> 　　「私は気を使わないといけない」→「机を自分一人で使いたい」

⑦　**ガイドラインをセッティングし、その範囲で動かしていくこと**

　参加者全員が約束したガイドラインの中で話し合いを継続していくことが求められます。メディエーターは参加者の感情がコントロール不能な範囲を超えないようにすることも求められます。

⑧　**力のバランスをとること**

　どちらかが弱かったり、気弱だったり、話下手、多勢に無勢といった状況の時には、メディエーターは双方が偏りなく話すことができるように力のバランスをとるなど、全体に配慮することが必要になります。

⑨　**必要としていることをよく見ること**

　休憩の延長、ちょっとしたユーモア、気持ちや事情を言い出しやすいようにする投げかけ、ペースの変更など必要なことがあります。話していない人も含め、すべての人に対して、見えるもの、聴こえるものすべてをチェックしましょう。

⑩　**問題の解決**

　メディエーターは両当事者の方たちが自分たちだけではできない

5 ステージ5
メディエーターとAさんBさん，参加者全員がそれぞれの課題について一緒に考えていく

時に問題解決の階段を一緒に昇り降りしていくことになります。これは参加者のために構造を提供するという意味になります。

その中でのメディエーターの役割は

→ 課題を明確にする
→ 優先順位をつける―今解決されるべき問題は何か
→ スタートするのにふさわしい，比較的簡単な問題を選ぶ
→ それぞれからの提案を引き出す
→ それぞれから出された提案を選択し，その提案を組み合わせていく
→ 解決の実行方法を決めていく
→ 本当の合意なのかを確認する

ファシリテーターメディエーターは問題の全体像の幅を広げていく必要があります。AさんBさん双方が成功までの間に予想されるたくさんの障害や，無理難題，難癖による深刻な状況を乗り越え，異なった可能性を見つけていくことが必要です。

⑪ **プロセスをコントロールすること**

参加者がどんな解決方法を選択するかにメディエーターは影響を与えないようにする中で，話し合いの構造化については強く主張する必要があることがよくあります。トピックがそれてしまったり，参加者が進行を妨げるようなことをした場合には，話し合う課題一覧やグランドルールを示したり，グランドルール自体をもう一度考え直す必要があります。

⑫ **問題のある言動を直面させる（明確に知らせる）**

直面させるとは，問題と思われる課題を指摘することです。乱暴，あるいは高圧的な態度であってはなりませんが，問題のある言動が起こっていることをしっかり示すことが必要になります。

そのためには，「いつ」「どうやって」「どこで」，この3点に注意することが重要です。

第3章　メディエーションのそれぞれのステージ

> いつ

その言動が一貫して進行を行き詰らせている場合

（例：非難中傷する，話の腰を折る，犠牲的である，ひどい意地悪をしている，議事妨害，不誠実）

> どうやって

「私がここで見ていて，起こっていることは……」
「もしこのような中断が続くのなら，この話し合いを続けることはできないです」

> どこで

参加者がそろうグループでの話し合いや，グループのＡさんＢさんとの個別の話し合いの場でも，それぞれの面目をつぶさないように注意する必要があります。

　ステージ5では，ＡさんＢさん双方がそれぞれ「本当に大切にしたいこと」の中で自らの課題を自覚していく作業になります。この作業にはＡさんにもＢさんにもストレスがかかります。ステージ4の始めの段階とはまた違った意味で，メディエーターにとって難しい局面も出てきます。メディエーターはＡさんＢさん両者が主人公であることは頭では理解できているのですが，メディエーター自身がストレスを感じていると，メディエーターも自分をコントロールすることが難しくなってきます。そして，そのメディエーターがストレスを抱えている状況がＡさんＢさんにいろいろな影響を与えてきてしまいます。
　では話が展開されているステージ5で難しい局面を迎えたとき，メディエーターはどのように行動すればよいでしょうか。

❖難しい言動への対応のための10のステップ

（Mediation UK Training Manual in Community Mediation Skill P.217）

1　自分が感じているストレスの留め金を外す

5 ステージ5
メディエーターとAさんBさん，参加者全員がそれぞれの課題について一緒に考えていく

自分の身体でストレスを感じているところがあるか，自分自身の気持ちを見つめ直し，調整する。

2 よくしっかり確認し，調べる
その場で起こっている状況をしっかり確認する（特に言葉以外の部分を観察する。）。

3 認める，承認する
その言動の背後にある気持ちを認識し，認める。

4 あなた（メディエーター）に影響している事実を具体的に説明する
そこで起こっていることがメディエーターである自分にどのように影響しているのか，分かりやすく，明確に話す。

5 他の選択肢を一緒に考える
又は，他の人（メディエーターやその他メディエーターを助けてくれる自分以外の誰か）を呼び一緒に考えてもらう。

6 グランドルールを再検討する
難しい言動が続く場合，グランドルールに新たな項目を加える，又は，既に創ったグランドルールを創り直す。

7 条件を出してもらう
難しい言動が続く場合，続けるためには何が必要なのかを話していただく。

8 休憩をする
冷却時間をとってみる。

9 警告する
その難しい言動が続いた際，どうするか結論などを伝える。

10 話し合いをやめる
話し合いをやめ，これからどうするかを伝える。
（例：別の日程を組み直す，他機関を紹介するなど）

上述のように双方が話し合いたい課題を出し合っていくためには，まず，

第3章　メディエーションのそれぞれのステージ

ＡさんＢさんそれぞれが「本当に大切だと思っていること」を明確に話していただくことが大切になります。しかし、「本当に大切だと思っていること」は本人自身も自覚していない場合もあります。ＡさんＢさんがお話する中で、メディエーターから見るとそれぞれの言動の中に「本当に大切だと思っていること」が現れているのですが、ＡさんＢさん自身は気づいていない場合も多くあります。このようにＡさんＢさんが「本当に大切だと思っていること」への意識が明確でない場合、メディエーターの介入にはどのような方法があるのかいくつか例を挙げてみます。

❖潜在する（無意識の）課題の中で決定していく

(Mediation UK Training Manual in Community Mediation Skill P.218（Adapted From Mediation Skills, Marje Burdine, Justice Institute of BC, Center for Conflict Resolution Training, Vancouver BC 1990))

　メディエーターはＡさんＢさんがそれぞれその人だけが考えている状況からは発せられる言動の下に隠されている「本当に大切だと思っていること」を明確にしていくために、介入していく必要がある場面が多くあります。また、介入の意図には以下のようなことが含まれています。

→ 判断を含むような言葉は、特によく聴き、そこを掘り下げていく。
（例：良い、悪い）

→ 話し合っている課題について、それぞれが大事にしていること、影響していることを尋ねる。

→ 言動のパターンについて指摘する。

（例：「節約することが重要だと話している時にお互いに話を遮って話されるようですね」）

→ 話題になっている問題がもっと基本的な問題を覆ってしまっているかを考える。

（例：駐車場の問題のような場合、個人的な身体的な事情を隠して、苦情を言っている場合などがあります。）

5 ステージ5
メディエーターとAさんBさん，参加者全員がそれぞれの課題について一緒に考えていく

→ 両当事者のAさんBさん双方に問題の兆候を示してみる。

> 例：「みなさんにお伺いしたいのですが，どうして玄関のメンテナンスについての質問が，怒りを爆発してしまうような課題になってしまうのか教えていただけませんか？」

→ 本当に大切だと思っていることを表現していることを厳密に伝える。

> 例：「私は……したい（あるいは……したくない）」「私は……が必要だ」「残念ながら……しなければいけないと思う」「……について心配している」

→ 両当事者のAさんBさん双方に，話し合いの途中で，何が最も大切なのか，何について一番心配しているのかなど，リストを作ってもらう。

→ その課題に関してそれぞれが考える最悪の恐怖や最悪のシナリオを一緒に考え，他の選択肢を考える。

　自分たち自身では目に見えなかった『本当に大切だと思っていること』が見えてくれば，話し合いの課題を見つけやすくなっていきます。そのためには，その都度起こるタイミングやチャンスを最大限に活かしていくことがメディエーターには求められます。
　ではチャンスやタイミングはどのように訪れるでしょうか。

❖チャンスを最大限に活用する
(Mediation UK Training Manual in Community Mediation Skill P.219)

　メディエーションを行っていると，両当事者AさんBさん双方の言動がメディエーションのプロセスを動かす瞬間が多くあります。経験豊かなメディエーターはそのチャンスを最大限に活用しています。
　例えばチャンスやタイミングは以下のように表れます。『騒音』の

ケースでは，どんな言動があるか考えてみましょう。

→ **提案（隠れていることが多い）**
「あなたの音は私の家ではどんなに大きいのか考えたこともないでしょう。わたしの家に入ったこともないんだから」→（お互いの家に訪問して音を確かめ合うというチャンスがつくれる。）

→ **譲歩**
「少しだけ音を小さくしてみようかな……」→（音を小さくしようという決意が表れている。）

→ **後悔や謝罪の表明**
「それは申し訳ないです。そんな不愉快なことを自分がしているなんて思ってもいませんでした」

→ **理解の表明**
「なぜあなたがそんな近くに車を止めなければならなかったのか知りませんでした」

→ **相手の視点を認める**
「あぁ，そんな風に思ったこともなかったわ」

→ **前向きな視点を表明**
「あぁ，これからこんな風に考えればいいんですね」
「○○さん（相手のこと）が今後そのようにしたいということがよく分かりました」
「メディエーションは犯人探しだけじゃないんですね」
（相手のこと，あるいはメディエーションのプロセスのこと）

→ **共通点を強調**
「私たちは両方とも，静かで，平穏な暮らしが欲しいのよ」

→ **自分の責任を認める**
「前の晩に少ししか眠れないと，翌日は怒りっぽくなってしまうんです」

→ **自分のその人だけが考えている状況の範囲を狭めようとしてくる**
「なるほど。すべての音を消して欲しいということが良くわかりま

した。でもそれはできないんです。私は家で音楽が聞きたいんです。でも、木曜と金曜の夜は家に帰ってくるのが遅いので、その日でしたら、すぐ簡単にできます」

→ **コミュニケーションの改善がみられる**
- 自分が何をしたいのか明確に、そして自分の主張が伝わりやすいように話し始める。
- 新しい情報を伝える。
- よく聴く、など。

→ **態度に建設的な変化が見られた**

叫ぶ、自分の主張ばかりを繰り返す、新しい情報や相手からの提案を無視するなどの否定的な態度から変化する。

そして、次のような瞬間が、メディエーターがチャンスを最大限に活かす時です。チャンスが到来したときのメディエーターの対応の例をいくつか挙げてみます。

① 上記チャンスが来ているまさにその時に両当事者ＡさんＢさん双方に向かって話す

例えば、共通点を強調しているようなときには、「今共通点が見つかりましたね」というようにそれが起こっている時に話す（そしてメディエーターが目印をつける作業をする。）。

② ＡさんＢさん双方に向けて、チャンスであることを目立たせるように話す

例えば、相手が無視しているような時にどちらかが提案するなど、タイミングがずれてしまっている時。

「今○○さんはお話をお聴きになっていなかったようですね。もう少し前の、＊＊＊＊のときにお話を戻していただけますか？」

③ ＡさんＢさん双方にとってその瞬間がどのような影響があるのかをチェックする

「今、○○さんからこれからについてのお話がでました。これか

らのことをお話することについて，お互いにどう思っていらっしゃるのか聴かせていただいてよろしいですか？」
④ どちらかが建設的な瞬間があった時，その反応を引き出す
「今，新しいアイデアが出ましたね。他にいろいろなアイデアを出してみませんか？」
⑤ 強硬な態度になった時には，前向きな瞬間を思い出させる
「ほんの少し前のことですが，お二人が私を通さずに和気あいあいとお話している瞬間がありましたよね（あのお話に少し戻ってみましょうか）」

二人の話し合いたい課題が選択されたら，その課題についてAさん，Bさん，メデェイーターの三者で一緒に，徹底的に考える場面になってきます。

考える中でメディエーターから質問が必要になってきます。質問の種類は後述しますが，質問のねらいをAさんBさんと一緒に検討し，それぞれの課題について話し合っていきます。

❖一緒に検討する，徹底的に考える
〜質問のねらいを考える〜

(Mediation UK Training Manual in Community Mediation Skill P.220, 221)

「課題についてよく考えるための質問」は話したいことについて深く，明確になるように考える，もう少し詳しく一緒に検討するためのものです。経験が浅いメディエーターはAさんBさんから発せられる意味ありげな応答を受け止め，両当事者の方たちが受け取ったばかりの情報について，よく考えることなしに新しいトピックや話し手でない方へ（話し手の相方）の質問をしてしまいがちです。

例
メディエーター「次に進めるまえに，何か言い足りなかったことなど

5 ステージ5
メディエーターとAさんBさん，参加者全員がそれぞれの課題について一緒に考えていく

ありませんか？」

Aさん「はい，そうですね。私が本当に話したい課題は信頼だということに気づき始めました」

メディエーター「なるほど，そこが今は明確になってきたということですね。（そして相手方のほうに向き）Aさんからお話が出た信頼が本当に話したい課題だということに賛成されますか？」

Bさん「はい，多分そうだと思います」

では上記をもっと理解を明確にするためにどのように改良すればよいかいくつか例を挙げてみましょう。

メディエーター「次に進める前に，何か言い足りなかったことなどありませんか？」

Aさん「はい，そうですね。わたしが本当に話したい課題は信頼だということに気づき始めました」

このときのメディエーターからの質問例 ～一緒によく考える質問～

例1：「信頼とはどういう意味でおっしゃっているか教えていただけますか？」

例2：「Aさんがそう思ったのはどういうことからですか？」

例3：「Aさんの考えの中で何が変わってきましたか」

例4：「どのように考え方が変わってきましたか？」

このように一緒によく考えることを通して，両当事者のAさんBさん双方が自分たちのコミュニケーションの方法を明確にし，広げていき，AさんBさん自身が本来持っている気持ちや事情を安心して表せるようにしていきます。この方法はメディエーターの助けがなければ通常，自分たちだけではなかなかできないのです。

ただし実際に，AさんBさんからの様々な発言が一緒によく考える材料になることは間違いないのですが，この方法は，時には「やり過ぎてしまう」ことがあります。この質問の方法が長く続いてしまうと，「尋問」や「取調べ」のように感じられてしまうこともあり，メディ

エーションで何を焦点としているのかということ自体を揺さぶってしまうことになります。一方，質問されていないほうの方にとっては，「無視されている」と感じ不安になってしまう場合もあります。

メディエーターはAさんBさんから発せられる重要な発言に，一緒によく考えることがどんな意味を含んでいるのかに注意する必要があります。例えば，

どんな意味を含んでいるのか注意する必要がある場面	具体的な言葉の例
感情的な言葉を使う	熱狂的な，偏った，けち，せこい
話し手にとって定義づけが多様なのに何回も繰り返される	費用効率のよい，高品質
抽象的な概念や価値観を伝えている	理知的な，合理的，愛情
話し手にとってのみ特別な意味がある	革新的，ハイテクな
一般的な言葉を使っているが，本人にとってあまり意味をなしていない	おもしろそう，よい

その他に意味を含んでいる可能性が高く，注意する必要がある場面
→ 隠された意味をほのめかしている
→ 前に話したことに関係している，又は脱線してしまっている話題
→ その人だけが考えている状況をより強めてしまう発言や抵抗を表す言葉

その他の手がかりは，メディエーター自身がAさんやBさんの関係者の言動や発言に混乱したり，よく分からないと感じた時です。もしかしたらAさんやBさんもメディエーターやメディエーター以外の人も同様に感じている状況であるかもしれないと考える必要があります。そしてその混乱を共有する場を創る上で，よく考える質問が有効的なのです。

質問例

「おっしゃったことをもう少し具体的におっしゃっていただけますか」

5 ステージ5
メディエーターとAさんBさん,参加者全員がそれぞれの課題について一緒に考えていく

「具体的な例を挙げていただけますか?」
「○○さんにとって何が重要な方法になるでしょう?」
「○○さんがおっしゃったことを××さんが分かりやすく理解できるようにお手伝いしていただけますか?」
「他の言葉で言い換えていただいてもよろしいですか?」
「何について話し合われようとしているのか,今話されたこととお話し合いしたいこととの関係についてお話していただいてよろしいですか?」
「以前考えられていたこととどのように違ってきましたか?」
「他に何か付け加えたいことはありますか?」
「もしそれが起こったらどうなるでしょう?」
「○○さんが提案されたことに,ご自身のメリットはありますか?」

　上述でも示したようにメディエーションは本来であれば,AさんBさんの関係が平等な関係であるとき,一番有効的な方法になります。しかし,現実では,例えば親子,会社の上司と部下などのように,AさんBさんの間に力関係が存在する場合が少なくありません。また一見,立場では強そうな当事者が,話し合いになるとコミュニケーション力という点では能力を発揮できなくなってしまうような場合もあります。

　そのような時,メディエーターは自分の先入観に気づいた上で力のバランスを整える役割が必要になります。

✤ 力のバランスをとる
(Mediation UK Training Manual in Community Mediation Skill P.222)

力の不均衡(アンバランス)とは
　AさんとBさんの力のアンバランスメディエーターにも両当事者AさんBさん双方にも影響が出てきます。力がアンバランスである状態を観察し,見守っていくのには不安を感じますし,イライラもします。

そしてそれを変えようとするのはとても難しいことです。特に，両当事者のＡさんＢさん双方が同じような言動をする場合は，なおさら難しい状況となるでしょう。

　力のアンバランスを調整するために，メディエーターは以下の考え方が必要になります。

力のバランスを調整する時のチェックリスト

☐ **メディエーションのプロセスを信じて進行する**
　　メディエーションのプロセスにはたくさんの確認とバランスが必要です。例えば，一番最初には両当事者の方たちＡさんＢさんそれぞれがメディエーターに向かって話をし，メディエーターが両者に向かって要約します。自分たちの心配や不安を直接お互いに話せる準備ができた時，この時が力のアンバランスを調整する準備ができるタイミングです。

☐ **メディエーターが自分のスキルを信じて使う**
　　ファシリテーション，リフレーミング，よく聴くこと，一緒によく考える，自然体の言葉，話しやすい場を作り出すコミュニケーション，これらすべてが，アンバランスな力関係を是正していきます。

☐ **両当事者のＡさんＢさん双方に相談しましょう**
　　メディエーターとしてどちらかの力が強かったり，弱いなと感じる場合，あるいは力のアンバランスが表れている言動のパターンに気づいた場合には，それを両当事者の方たちＡさんＢさん双方に正直に相談しましょう。

☐ **メディエーター自身がモデルになりましょう**
　　協同メディエーターの間で力のバランスが取れていることが，ＡさんとＢさんのアンバランスを調整するのにとても重要な役割を果たすことになります。

　　特に，両当事者のＡさんＢさん双方が，両方，あるいは片方のメディエーターあるいは複数のメディエーターを味方につけようとしている時を考えてみましょう。メディエーターはステ

5 ステージ5
メディエーターとAさんBさん，参加者全員がそれぞれの課題について一緒に考えていく

レオタイプの力に影響されないようにすることが必要になります。

例えば，女性がいつも聞いていて，男性がずっと話し続けているような場合を想像してみましょう。その男女は自らが，その役割を選び，そうしているのかもしれません。このような場合，このメディエーションの中で，メディエーターがどのような役割で進めているのかを両当事者のAさんBさん双方に伝えましょう。

☐ **相手の立場になって質問をしましょう**

それぞれの人が力のアンバランスをどのように感じているのか，認識し，理解しているのかをチェックするための質問を投げかけましょう。

☐ **何か提案がないか尋ねましょう**

力のアンバランスを調整するために，お互いに変えて欲しい態度はどんなものなのかを特定するための質問を投げかけましょう。

☐ **グランドルールを使いましょう**

AさんやBさんの力まかせの言動への対応は，グランドルールに含まれていることがあります。

例えば，話を中断させる，からかう，怖がらせる，相手を受け入れる姿勢を見せないなどです。その場合，AさんBさんがグランドルールをもう一度思い出す機会をつくりましょう。

☐ **メディエーションの構造（モデル）を変えましょう**

人種的，性別的な発言などがある場合は，より相手を受け入れやすいように環境を整備することに努め，それでもダメな場合は一緒に話し合う以外の方法を考えましょう。

☐ **その他の支援者，通訳者，代理人などを連れてくることを許可する**

自分一人で参加することが不安であるという発言があったり，話し合いなどすべてに参加するために何か障壁がある場合に特別なサポートが必要かどうかを考えましょう。他の支援者の同行が許可される場合，その他特別なケース（学習障害などがある場合）メディエーションが効果的に継続できるようなサポーターの同席が許可されることがあります。メディエーターは主

第3章　メディエーションのそれぞれのステージ

> な当事者にとって必要なことを整備していくことを明確にしていく必要があり，もう片方の当事者の方が特別な支援者の同席をどのように感じるのかを把握する必要があります。

　難しい局面を迎えた場合，もしくは，お互いに顔を合わせて話し合うことを続けたくないと感じているような場合，一時的に別々の席を設け，話し合いを続けることがあります。これがコーカスです。わが国にメディエーションが伝わったとき，このコーカスが一種の悪いことのように伝わってしまったのかもしれません。もちろん，コーカスを行う前，そして特にコーカスから同席の話し合いに戻る際には様々な必要なことがあります。しかし，メディエーションの主なねらいは，AさんBさん双方がいかに気持ちよく，安心して話し合いに臨んでいただくかということに他なりません。必要に応じて柔軟にコーカスを行うことは私がロンドンでのメディエーションの経験でも多用されていることなのです。

❖コーカス（個別のミーティング）の使い方

(Mediation UK Training Manual in Community Mediation Skill P.223)

　コーカスは顔と顔を合わせたミーティングの間に，それぞれ個別に話すミーティングのことです。前もって計画される場合や，メディエーターや両当事者のAさんBさん双方の状況に応じて準備なしに開催されることもあります。顔と顔を合わせた話し合いをするためにはお互いにそれぞれを受け止め，連続したコミュニケーションが必要になります。しかし，お互いにいつも建設的であったり，望ましいものになるとは限らず，時々，激昂してしまったり，行き止まってしまうこともあります。

　メディエーターの最初の挨拶の中で，両当事者の方たちAさんBさん双方にはコーカスについて説明します。例えば，以下のように話します。

5　ステージ5
メディエーターとAさんBさん，参加者全員がそれぞれの課題について一緒に考えていく

「もし話し合いの途中で別々に話したほうが有効的だということになった場合，数分間か別々の席でお話を聴くことがあります。例えば，行き詰ってしまった場合などです。もし，自分が別々に話をしたいと思った時は，相手の方の許可があれば別々にお話を聴くことができます。そして一緒の話し合いに戻る前に，もう片方の方とも同じ時間個別のミーティングを設けます。これは，どちらが個別に話したいと言い出すかにかかわらず同様です」

秘密性
コーカスに関しては，AさんBさんそれぞれが話した内容をどのように扱うかが重要なポイントになります。以下二つの例を挙げてみましょう。次の二つの方法で行われます。

開示する必要がある場合
「もし，メディエーションの結果に影響する何かをお話されたら，メディエーターである私からその後の合同での話し合いでそのことについてお話してくださいとお願いします。そうでなければ，メディエーションを一緒に成功させることに反してどちらかの偏った立場に立ってしまうからです。もし，それぞれ相手の方にそのことをお話するのが難しい場合は，わたしはお話しやすいようにお手伝いさせていただきます」

秘密にする必要がある場合
「メディエーションで解決したい課題に関することで，私がそれぞれのお相手の方と安心してお話ができるような方法を一緒に見つけようとしても見つけられなかったものは，すべて秘密にします。もしメディエーションを進行していくことを危うくするようなことをお話されたら，どうやったらメディエーションが続けられるのかを話し合っていきましょう。もしメディエーションを続けることができないようなお話をされたら，どうやったらその問題が解決できるかを話し合いましょう」

第3章　メディエーションのそれぞれのステージ

　　これらの選択肢にはその後のメディエーションのプロセスを危うくするリスクを含んでいます。一方の方にとって深刻な課題であり、それが相手やメディエーターに伝えられていない時にはコーカスを行うことは必要なプロセスになります。例えば肉体的な虐待へのおそれなどです。

　　リスクが含まれそうなこれらの状況においては、メディエーターはかなり注意深くゆっくり進める必要があり、またＡさんＢさんそれぞれがどのようなことを必要としているのかを尋ねる必要があります。例えばメディエーターは、それぞれの方が帰宅した時に安全をどのように感じられるかなど、他の心配や不安への対応の選択肢を見つけていくことを一緒に探すことも必要です。例えば、それぞれの方が帰宅した時に安全をどのように感じられるかなどです。

　　ＡさんＢさん双方がそろった話し合いではコーカスで話されるようなそれぞれの個人のみの課題については話し合うことはできませんが、コーカスでは少なくとも個人として解決のための課題について他に必要なことを決める機会になります。例えば、裁判やカウンセラーへの相談などもコーカスで話し合うことがあります。

　　では具体的にコーカスの方法を見てみましょう。

　　コーカスは具体的に以下のような問題の時に役に立ちます。

- 両当事者ＡさんＢさんの関係性、あるいはＡさんＢさんそれぞれとメディエーターの関係性について変化があったとき。
- 今後進められる話し合いのプロセスについて変化があったとき。
（メディエーションではなく今後裁判など他の方法を考え始めたときなど。）
- 詳細に実質的な課題を話すうちにそれぞれの課題が見えにくくなってしまったとき。

5 ステージ5
メディエーターとAさんBさん，参加者全員がそれぞれの課題について一緒に考えていく

コーカスをする理由とコーカスのゴール

コーカスをする理由	コーカスのゴール
関係性の問題	
→自分のことを話したくない，あるいは話し合いを持ちながら，お互いへの理解を深めていく気持ちを遮る強い感情	→個別な場でその感情を話しても大丈夫だということを理解していただき，その強い感情をごまかすのを防ぎましょう。 ・グランドルールを創り，その感情について話す違う方法を創る。 ・頭を冷やす時間を持つ。
→話し合いを持ちながら，お互いへの理解を深めていくことを阻害する誤解	→どのように認識しているのかを明確にしましょう。 ・その認識の理由を確認する。 ・認識を変える方法を考えていく。 ・バランスという視点でメディエーターがどの様に認識しているのかを伝える。
→話し合いを持ちながら，お互いへの理解を深めていくことを阻害するコミュニケーション	→話し合いを持ちながら，お互いへの理解を深めていくことに隠されている言葉や言葉以外のコントロールの方法を考えましょう。 ・建設的な情報や詳細に関する情報に限定する。 ・その方が本当に大切に思っていることにあうようなコミュニケーションの形を決定する。 ・AさんBさん双方にとって受け止められやすいコミュニケーションの方法をつくる。 例：発言をリフレーミング，合意書を書き直す。

コーカスをする理由	コーカスのゴール
プロセスに問題がある場合	
→それぞれの課題が明確に確認されていない。	→AさんBさん双方とそれぞれの課題を確認しましょう。
→話し合う内容が定まっていない，話し合うべき内容から話がそれている。	→優先順位，メディエーションでできること，できないことについて話し合いましょう。 ・その話し合いがすべての参加者の必要性にあっているのか一緒に考える。
→話し合いを持ちながら，お互いへの理解を深めていくことのスタイルが異なる（例：ある人はそれぞれの課題が挙がった時点でその課題が解決されていくことを希望し，もう片方は最初に課題をすべて挙げてまとめて解決するのを希望する。）。	→話し合いを持ちながら，お互いへの理解を深めていく違う方法があることやそれぞれの方法のメリットについて話し合いましょう。 ・その人だけが考えている状況からそれぞれが本当に大切に思っていることに動いていく方法を考える。 ・安心できるプロセスを確認できる方法を考える。
→メディエーションのペースがあっていない（速すぎる，遅すぎる，劇的な変化が続いている。）。	→ペースについてAさんBさん双方がどのように感じられているのかを確認しましょう。 ・より効果的に進められるように修正する。
→当事者の方からプロセスについての疑問が投げかけられ，結論を出すのを恐れている，法的な方法をとりたいと発言ができる。	→疑問があることについては，自由に発言してよいことを伝え，他の選択肢を一緒に考え，何が引き続き実行可能なのか，続けられる方法に賛成できるかなどを話し合いましょう。
→メディエーター相性があわない，コンディションが悪いと感じている。	→メディエーター同士でミーティングを開き，協同メディエーターともに今回受け持っているケースの進め方や構造について話し合い，もう一度メディエーションを組み直しましょう。

5 ステージ5
メディエーターとAさんBさん，参加者全員がそれぞれの課題について一緒に考えていく

コーカスをする理由	コーカスのゴール
中身に問題がある場合	
→受け入れることができる選択肢がなく，AさんBさん双方がこれ以上続けることができない，あるいはもう自ら提案などしたくないと思っている。	→選択肢を挙げていく上で何が問題だったのかを話し合いましょう。 ・選択肢をもっとつくっていく方法を話し合う。 ・ブレーンストーミングやファシリテーションなど創造的な方法を通して，特定の選択肢を一緒に考える。
→選択肢が片方，あるいはAさんBさん双方から受け入れられない。	→選択肢の幅を持たせることができないか考えましょう。 ・本当に大切だと思っていることの背後に隠れてしまっているものを明確にし，より満足がいくような本当に大切だと思っている事に修正する。 ・なぜ今の選択肢が本当に大切だと思っていることと一致していないのかの理由を話せるような準備を整え，AさんBさん双方に促す。 ・新しい提案を考え付けるような場を整備していく。
→二つのみの選択肢が可能だが，それらがかけ離れている。	→三つ目の選択肢が生み出されるような工夫をしましょう。 ・その人だけが考えている状況のうち極端なもの減らし，調和的な雰囲気を作り出す。
→話し合ってきた課題について賛同できない，そしてそれはどちらかが勝つか負けるかの課題になってしまっている。	→課題に関係する提案がどのように出てきたかについて明確にする。そしてそれぞれが考えている「勝つか負ける」かの事情を考え直しましょう。
→片方，あるいはAさんBさん双方が現実的でないその人だけが考えている状況や選択肢に頑なにこだわっている。	→共鳴板の役に徹しましょう。現実性を試し，より効果が上がるような他の方法や組織を探したり，その説明をしましょう。 ・面目が保たれるような選択肢を探す。
→AさんBさん双方から上げられた課題自体が解決を止めてしまうものに関係している。	→それぞれの課題において解決に向かう作業と，両当事者に共通している課題を分けて考えましょう。

第3章　メディエーションのそれぞれのステージ

　コーカスは上述のようにその場に応じて，臨機応変に対応していく方法の一つです。しかしながら，それぞれの場において考えなくてはならない倫理的な論点もあります。

❖コーカスの倫理的な論点

(Mediation UK Training Manual in Community Mediation Skill P.226)

　コーカスを進めるにあたっては，以下のような論点を考えていく必要があります。

- メディエーターはコーカスをどのように進行していくべきなのでしょうか。
- 顔を合わせた話し合いでどちらか片方が限度を超えている，あるいは場違いだ，また何か権威的なものを必要としている，一方的である，話し合いを持ちながら，お互いへの理解を深めていくことに対して引き気味であるような時，メディエーターはどのように進行していけばよいでしょうか。
- メディエーションに参加している関係者（AさんBさんそしてメディエーター）が持っている本来の力はお互いにどのように影響しあっているでしょうか。
- それぞれの人同士が影響しあうというのは，どういうことなのでしょうか。

　（→コーカスに進む前に，「すでにお話し合いの場でのお互いの言動についておっしゃりたいことはあるでしょうか？」などそれぞれの影響具合を聴いてみましょう。）

- コーカスと双方がそろったミーティングの連携に対しての危険と疑念。

　　顔を合わせたミーティングに戻った時にコーカスで話されたことはメディエーター又は，両当事者のAさんBさん双方からフィードバックされることは明らかです。しかし，このフィードバックは

5 ステージ5
メディエーターとAさんBさん，参加者全員がそれぞれの課題について一緒に考えていく

コーカスで話されたことそのままであること，そしてできるだけ建設的に話された内容であることが基本です。どちらか一方の方がコーカスを希望した場合，もう片方の人にとってはその人がメディエーターの気を引こう，あるいは味方につけようと企てていると思ってしまうこともあります。

両者の間のバランスを配慮するためには，それぞれのミーティングの時間にも配慮する必要があります。

★注意が必要なこと
- 守秘義務の限界は何でしょう。
- どんなタイプの課題や主張が持ち上がった時にメディエーションを続けるのが難しくなるでしょう。
- 両当事者の方たちAさんBさん双方はその難しい課題をどのように取り扱っていくでしょう。
- もしAさんBさんそれぞれの情報を開示することが必要になった場合，メディエーターはどのように開示が必要だと感じ，そこからどのように取り掛かっていくでしょう。
- 組織として機関として守秘義務の限界の明確なガイドラインをどのように提供していけばよいでしょうか？
- メディエーターが両当事者の方たちAさんBさん双方からうそをつかれたり，ごまかされたりする可能性はどれだけあり，うそをつかれた時にはどんなことが起こるでしょう。

★メディエーターが対処していく方法は？
どちらか片方の方が嘘の主張をしたり，究極的で言いたくないようなことを暴露するようなことを含んでいるために，話をごまかしていることはどのような場合か考えておく必要があります。

第3章　メディエーションのそれぞれのステージ

6　ステージ6　合意を一緒に創っていく

　お互いに『本当に大切に思っていること』の中から，お互いの話し合いの課題が見つかり，その課題について十分に検討，話し合いが行われれば，その中から将来に向けて合意案を一緒に創っていくことになります。

❖合意を創りあげていく

(Mediation UK Training Manual in Community Mediation Skill P.227)

　メディエーターが申し込み人と最初にコンタクトをとったステージ1から進められたメディエーションは，相手との，口論や言い争いを引き伸ばすということなく，このステージ6で合意に向けて一緒に歩きだします。メディエーターがAさんBさんそれぞれの真実を聞き，お互いに本当に大切に思っていることを明確にし，それぞれの気持ちを受け止め認め合いながら一緒に動き，そしてAさんBさん双方が将来に向かってそれぞれが次に動き出したいと思い始めるステージです。

　このステージまでに既に両当事者の方たちAさんBさん双方はそれぞれ自分個人の中では数え切れないほどの合意をしています。例えば，メディエーターに話をすることへの合意，その言い争いや口論にもっと建設的なアプローチをとり，参加者が一緒に話しあっていくことの利点について一緒に考えることへの合意，そして言い争いや口論の相手と顔をあわせて合意していくことへの合意です。

　両当事者の方たちAさんBさん双方にとってメディエーターと一緒に話し合いを持ちながら，お互いへの理解を深めていったり，それぞれ個人の中で合意をしていったりということは既に慣れてきているかもしれませんが，相手と合意をすることは決してやさしいことではないことは本人たちが一番分かっています。

　顔を合わせての話し合いに参加したということは，実質的にそれぞれの課題を解決しようという合意の機会に接していくことになります。

まず最初に，グランドルールに合意しています。そして次はそれぞれに起こった経緯に関する課題を一緒に考えていこうとする合意でもあります。

　このような小さな合意の積み重ねや，和解しようという気持ち，同じ部屋に一緒にいようという特別な瞬間，ましてやとても苦しいことが起こった時に，前向きな解決に向けてきっかけの契機ややる気を自らが創っているのです。

　この「きっかけ」や「やる気」を原動力とし，メディエーターは合意に向けて腕前を発揮していく必要があります。このステージでは，特に両当事者AさんBさん双方と解決のための選択肢や建設的な合意を一緒に生み出すための新しいスキルが必要になります。

　では，AさんBさんとの合意を創りだすためにメディエーターに求められる必要な具体的な方法やスキルを見てみましょう。

❖ 選択肢を生み出す

(Mediation UK Training Manual in Community Mediation Skill P.232)

　その言い争いや口論を解決する可能性のある方法をどのように引き出していけばいいでしょうか。

- → それが起こった時に何をしたいのか尋ねる
  何を実現したいと思いますか？
  その口論を解決するためにどうしましょう？
- → 解決のためにいくつかの選択肢があることを明確化，要約する
- → もっと他のアイデアがあるか尋ねる
- → ここまで一緒に進んできたことをお互いに認め合い，褒め合い，もう一息であることを伝える
- → 状況についてお互いにもっとよく知ることができるような質問を投げかける

→ ブレーンストーミングによって考えを出し合っていくように手助けをする
→ アプローチを徐々に増やしていく
　最初の選択は何でしょう？　2番目は，3番目は？
→ 次の課題に進め，選択肢を一緒に見つけ出していく
→ 大きな問題は小さな問題に細分化する
　例えば騒音の問題であれば，問題の一部である「音が気にならない時間があるかどうか」などを見つけていく。
→ 創造的な思考を引き出すような質問を投げかける
　「問題を解決できる方法として何か考え付くほかの方法はありますか？」
　「○○○さんと××さんの間で不愉快な気持ちがこれ以上起こらないような解決方法として何かイメージがつくものがありますか？」
　「現実的に考えて，みなさんにとって可能な選択肢はどれでしょうか。」
→ 別の視点から見てみる
　「××さんは○○○さん（質問の相手）にどのようにして欲しいと思っていると思いますか？」
→ 極端に片方の人その人だけが考えている状況を狭めていく
　「○○○さんが提案された以外の方法はありますか？」
→ もっと情報を得る
　「○○○さんがしたいと思っていることをするためには，他に何が必要でしょう？」
→ 他の選択肢を一緒に考える
　「それをするためには他の方法で思いつくものありますか？」
→ できることとできないことを説明する
　「○○○さんだけのためにそれをアレンジすることはできないのです」

6 ステージ6
合意を一緒に創っていく

→ 「もし仮に……」の質問をしてみる
　「もし……だったら，生活はどんなになってるでしょうか？」
→ 提案があった選択肢をしたらどうなるのかを考えてみる
　「もし裁判をしたら，今の状況がもっとよくなる機会というのはどのような機会だと思いますか」
→ 比較してみる
　似たような状況が起きた場合，これからどうしますか？
→ 休憩を取る
→ 別々にお話を伺う
　その言い争いや口論を，前に進め，建設的な選択肢を引き出していくための他の方法を考えてみましょう。

　ブレーンストーミングはその場では些細なことと思われるようなことでも，どんどんとアイデアを出し合っていく方法です。メディエーターにはAさんBさんが合意に向けて考えられるどんな小さなことも出し合えるような場を創っていくことが求められます。
　どんな些細なことでもお互いに認め合える場は，気持ちがよいものです。しかし，その反面，ブレーンストーミングではお互いに気持ちが高ぶっていることもあります。そのために，ブレーンストーミングで出された選択肢を落ち着いてもう一度見直す必要が出てきます。

❖ 選択肢について見直す

(Mediation UK Training Manual in Community Mediation Skill P.233)

　選択肢の見直しは以下のような方法がとられます。
① 両当事者のAさんBさん双方が中心になって見直しを行う（メディエーターが少し手助けをするのみ）。
② メディエーター，両者が顔を合わせた話し合いの席で見直す。
③ コーカスなど別々の話し合いでメディエーターと一緒に見直す。

このプロセスは比較的分かりやすいプロセスになります。当事者の方達と一緒に検討し，必要に応じて修正をしていきます。しかし，話し合いを持ちながら，お互いへの理解を深めていくということは難しいこともあります。そんな時，メディエーターのお手伝いが必要なのです。

選択肢の見直しにはいくつかの視点（判断基準）基準があります
→ この間，接してきた「本当に大切に思っていること」，「目標」，「ねらい」などに現実的に満足しているか
→ 解決にいたるまでのプロセスが公平なものであったか，両当事者のＡさんＢさん双方はすべてに参加していたか
→ 心理的，精神的にある程度満足しているか，以前よりは，人間関係が改善されたか
→ すべての選択肢はどちらかが勝った負けたではなく，お互いに，双方が納得した，満足した，少し心が満たされた感じ，あるいはホッとしたなと感じられるものであるか
→ すべての解決方法は実行可能なものか，それらを行う原動力，手腕が双方とも備えているか，それを行うという確固たる意思が十分か，双方とも十分に理解しているか
→ 選択肢は公平で公正であるか。それぞれの側から違法ではないことがしっかり考慮されているか？（原文にてCarrie Menkel-meadow Towarad another view of legal negation：The structure of problem-solving より引用）

選択肢の見直しでのメディエーターの役割です
→ 現実的かどうか一緒に考える
　現実的にそれがどのように実行されるのか，行うのか
→ 一緒にもう一度一緒に考える
　「みなさんが本当に大切にしていることは満足いく結果になりましたか？」
　「○○○さんがおっしゃっている意味についてもう少し詳しく教

えていただけますか？」
→　ＡさんＢさんがそれぞれの選択肢を比較しながら選べるようにしていく手助けする
　　「みなさんにとって何が有効で何が有効でないのか教えていただけませんか？」
→　時間の枠組みを考えるのを手助けする
　　実行するまでの時間は短かい時間でも，長い時間でも，時間は助けにもさまたげにもなることをＡさんＢさんがどこまで認識しているのかを確認します。
→　最初の選択，次の選択，その次の選択とＡさんＢさんが選択肢の順番を見ていくことを手助けする
　　もし他の紛争解決方法を見つける必要があれば，それを手助けすることもあります（裁判など）。
→　ＡさんＢさんが解決することとしないこと，それぞれの利点に焦点を当てる
→　ＡさんＢさんが解決することとしないことにかかる費用を明確にする
→　それぞれの（両当事者ＡさんＢさん双方の）過去の経験をもとにその選択肢が当事者の方たちにとって望ましいのか望ましくないのかを確認する
→　両当事者ＡさんＢさん双方自身が問題を解決することを手助けする
→　前向きな雰囲気や場を維持していく，例えば相手に対する前向きな発言をしっかりと伝え，結論に必要なネガティブな発言を受け入れる。しかし，両当事者ＡさんＢさん双方からの課題に関係ないネガティブな発言には手をつけない

　選択肢について話し合っている時に起こりえる問題についても考えておく必要があります。具体的にいくつか考えてみましょう。

第3章　メディエーションのそれぞれのステージ

❖合意を創り出す

(Mediation UK Training Manual in Community Mediation Skill P.234)

合意を創り出すステージで問題が起こる可能性はどんな時か

→ 選択肢を考えている際に両当事者AさんBさんの関係性に変化が生じたとき

→ 選択肢を考えている際に，そして両当事者の方たちAさんBさんとメディエーターで起こっている関係性に変化が生じたとき

→ 今後の選択肢にメディエーション以外の方法をとるなど，メディエーションのプロセス自体の変更が必要なとき

→ 選択肢についての実質的な詳細をつめていくにあたり，選択肢を実行するのに，困難が生じそうなとき（課題，選択肢についての実質的な詳細など）

　もしこのようなことが起こったとき，メディエーターが両当事者AさんBさん双方を手助けすることができる方法は以下が考えられます

① 両当事者の方たちAさんBさん双方が心配しているのは何かを明確にする

② 話をよく聴き，しっかり応える

③ 何が問題なのかについて同意する

④ その問題について現実的にどう取り組むのかを一緒に考える

⑤ 一緒に選択肢を見直す

⑥ 結論を出し，行動計画を創る

⑦ 何か違うことが起こる可能性など前もって考える

　選択肢が出揃い，実際の具体的な行動をAさんBさん，そしてメディエーター全員で確認することができたら，その合意内容を文書に残していきます。

　合意文書を書くねらいとサンプル文例を次に挙げてみます。

❖合意書を書く

(Mediation UK Training Manual in Community Mediation Skill P.235)

　合意書面は実用的なものであり，象徴的なものでもあります。書面には法的拘束力はありませんが，両当事者のAさんBさん双方がそれぞれにして欲しいこと，何を合意したか，何を一緒にしてきたかを確認するのにとても有効です。

　効果的なメディエーションの合意書面は　以下が必要です
① 明確でシンプルな言葉が使われていること
② 時間，日時が設定されていること
③ バランスがとれていること
④ 将来について触れていること
⑤ 実用的であること
⑥ 実行可能であること
⑦ 関係者全員で確認され，サインがされていること

チェックポイント

> 合意書面には，
> ☐ 両当事者の方たちがするべきことについて詳細が書かれていますか？
> ☐ 片方の方のみするべきことについて書かれていますか？
> ☐ 後退してしまったような事項は含まれていませんか？

第3章　メディエーションのそれぞれのステージ

❖合意文書のサンプル例

(Mediation UK Training Manual in Community Mediation Skill P.236)

名前　田中太郎・花子
住所　豊島区○○××マンション203

名前　山田三郎
住所　豊島区○○××マンション103

日付　2012年6月11日
時間，場所
△△メディエーションセンター　午後3時

メディエーター　仲　よしこ　　山本圭介

・田中太郎さん，花子さんは，山田三郎さんにもう手紙を送らないことを合意しました。
・山田三郎さんは，来客が来て家で楽しむ場合に出すステレオの音の大きさを田中太郎さん，花子さんと一緒に下の部屋でチェックします。
・双方とも「普通」と感じられる音であればOKとの合意をしました。
・田中太郎さん，花子さんは木曜日と金曜日に出かけるので，山田三郎さんはこの日の夕方は彼らが同意した音量まで音を出してよいことを合意しました。
・もし，週末にお客さまが来る場合，できる限り前もって田中太郎さんに伝えます。
・田中太郎さん，花子さんは山田三郎さんのお客さまの子どもが庭にいる時には，自分たちの犬を部屋につないでおきます。
・田中太郎さん，花子さん，山田三郎さんは，今後何か問題が起こった時にはお互いに話をし，非難，中傷はしません。

署名　（田中太郎）
署名　（田中花子）
署名　（山田三郎）
署名　（仲よしこ）
署名　（山本圭介）

6 ステージ6
合意を一緒に創っていく

❖他の書面例

共用道路
- 双方とも荷物を積み込む時と，降ろす時に限り道路に車を止めておくことを同意しました。
- 川島運送社は鈴木さん一家が午前9時前に道路をふさいでいる時，電話をかけることに同意しました。
- 鈴木さん一家は子どもの自転車は玄関前に置き，道路には置いておかないことを同意しました。

若い家族の隣にすむ年配の住人
- 吉田健さんはボールをフェンス越しに返すこと，そして何かあった時には子どもにではなく，両親に話をすることを同意しました
- 佐藤五郎さんはフェンスの修理費用を支払うことを約束しました。
- 佐藤五郎さん，良子さんは子どもたちが吉田健さんに口ごたえしないように子どもたちに話すことを同意しました。
- 吉田健さんは子どもたちに叫んだり，怒鳴らないことを約束しました。
- 佐藤良子さんは吉田健さんの庭仕事を一緒に手伝うことを約束しました。

　合意文書が作成され，AさんBさんそしてメディエーターが確認後，署名をし，コピーをAさんBさんが持ち帰ります。従来のメディエーションはここで終了と考えられていました。

　しかし，実際この合意をもとに生活していくのはAさんBさんであり，メデェーターは全くの第三者としてここで，単に終了してしまってよいのかというのが，最近のロンドンでの議論でした。合意に基づく選択肢をひとつずつ実行していく中で，何か障害が出ているかもしれない，もしくは気が高ぶって言葉を発したことを悔やんだりしているかもしれない，実際に実行に移してみたら気持ちが変わったかもしれないという懸念をAさ

んBさんともに抱くことは少なくありません。私自身もいくつかのケースにかかわらせていただくと，帰宅後，あるいは数週間後にフォローアップの電話をかけることで，AさんBさん双方の気持ちや状況の変化に接することも多いのも事実です。

　メディエーションという長いプロセスの中，ご一緒してきた仲間として実行を見届け，その時点での気持ちに寄り添う必要があるのではないかというのが次のステージ7です。

　また同時にメディエーターはAさんBさんの感情を受け止めつつ，話し合いを進行していくという非常にタフな状況を共にしています。精神的な疲労を感じるとともにAさんBさんとのかかわりの中で自分自身が別の感情を抱くこともあります。メディエーターのフォローアップと資質向上のためにも，この場をそのままにしておかず，適切なフォローアップをして，次につなげていくことも必要です。それがスーパービジョンやデブリーフ（後述）になります。

　フォローアップのねらいは以下になります。

❖7　ステージ7　終了とフォローアップ

(Mediation UK Training Manual in Community Mediation Skill P.237)

　終了とフォローアップのために特別に分けて行うべきことというのは特にありません。しかし，両当事者のAさんBさんとメディエーターはメディエーション終了から動き出し，生活に移っていくために助けが必要な時があります。メディエーションは一時的に現実や，そこで起こった気持ちを表し，その場での考えを交換し，それぞれが考える和解案を提供していく機会を創っていくものです。

　両当事者のAさんBさんにとってはそれぞれの経験の中に深く根付いているものがあり，彼ら自身の生活の場に戻った時には話し合いが出た状況や気持ちとは違うことも出てきます。メディエーターが自分たちの役割をきちんと果たしていたら，家に帰った当事者の方たちは，た

7 ステージ7
終了とフォローアップ

だ，メディエーションの場でメディエーターがすすめてきたメディエーションに安心しただけでなく，自分たちが家に帰ったあとどうすればよいのか理解しているはずです。

メディエーションの結果がどうであれ，両当事者のAさんBさんはメディエーションを通して前向きにことを進めていくためにその人が本来持っている気持ちや事情を安心して表せるようにしていくことを学んでいます。メディエーターは将来起こりえる潜在的な危険についても明確にしていますし，その時，お互いにどうするのか，両当事者のAさんBさんの将来についての考えや気持ちを確認しています。

両当事者のAさんBさんがどうしているのかを見守っていくフォローアップサービスを行っている機関もあります。これはメディエーションの質を向上させるサービスの一つでしょう。両当事者のAさんBさんはどのように，そしていつフォローアップが行われるのか，伝えておく必要があります。

メディエーターにも，自分たちがメディエーションの場から出て行くためのサポートが必要になります。それはメディエーターが自分が行ったメディエーションの経験について話していくことが基本になります。そしてそれはメディエーションの中で起こった気持ちを表し，気持ちと事実を分けていくことになります。そしてメディエーターとして今後自分がどのように役割りを果たしていくか考えていくことになるのです。受付担当者などがメディエーションに同席し，観察する場合，メディエーターのサポートやデブリーフ（後述）を行っていく場合があります。

忘れてはいけないのは，メディエーションが終了したことを両当事者AさんBさん双方やメディエーター自身が，しっかり満足することです。

メディエーション終了後はAさんBさん，そしてメディエーターもある意味気持ちが高ぶっているところがあります。そこをしっかりフォローし

113

ていく体制は今後のメディエーションの質を考える点で大きな意味を持つことになります。

　メディエーター自身が自己満足で終わることなく，そこに参加したAさんBさんそしてメディエーター，受付担当者など，そこにかかわった人全員が一通りの流れをしっかり振り返り，その結果を次につなげていくことが必要です。

第4章 各ステージの展開

これから，第1章で紹介した菅原さんと桜井さんの事例をとおし「メディエーションとは」ということについて説明していきます。何気ない会話をきっかけに二人の関係は，ぎくしゃくしてしまいました。そうなってしまったのはなぜでしょう。第3章までに見てきたメディエーションの各ステージに沿って，それぞれが抱える事情や背景について考えてみましょう。

> **ステージ1　片方の当事者（Aさん）との最初のコンタクト**
>
> **主な任務・役割**
> - メディエーターの自己紹介。
> - Aさんの状況の確認。
> - Aさんの気持ち（状況から感じられる感情）を受け入れる。
> - Aさんとの信頼関係を築く。
> - メディエーションについて，そしてメディエーターの役割，守秘義務についての説明。
>   （Aさんの許可無く，Aさんから聴いた話をBさんに伝えない。）
> - メディエーションのプロセスを本当に希望しているのかを確認。
> - 何を望んでいるのか，本当は大切だと思っていることは何なのかなど基本的考えの確認。
> - 7つのプロセスの中で守秘義務をどのように進めていくかを確認。
> - 次のプロセスでは何をするのかを決定。

菅原文夫との最初のコンタクト

①菅原さんの事情や気持ちの確認
　例：桜井さんのことは一目置いて，将来を期待している。
　　　女子社員の服装のことは気になっている。
　　　新規プロジェクトを成功させたい。そのためにも彼女に期待し

ている。
②桜井さんと話し合うことが会社としてどのような意味があるのか。
③上司の立場として，話し合いに対してどのような不安や心配があるのかも確認する。

ステージ2　もう一方の当事者（Bさん）との最初のコンタクト

主な任務・役割

　ステージ1と全く同様に聴く姿勢としての質が求められ，Bさんの視点から状況が説明される機会を一緒に作っていきます。
　その他ステージ1に加わるものとして

- Bさんの信頼を得る。
  （特に相手方の場合は，連絡してきたメディエーターがAさんの味方や代理人であると考えられることが多くなります。相手方Bさんの信頼を得ることは今後のプロセスを進めていく上で，重要なポイントになります。）
- 公平性を築く。
  （Aさんの代理でAさんの主張を通すためにアクセスしているのではないことを，Bさんに理解していただくことが必要です。）
- 守秘義務を維持する。
  （Aさんから聴いた事情をAさんの許可なくBさんにそのままお話することはありません。Bさんのお話も同様にBさんの許可なくAさんに伝えることはありません。）

＊ステージ1のAさんからお話を聴くのとは異なり，相手方から話を伺うためには，まずメディエーションやメディエーターへの信頼が構築されることが必要になります。

桜井美子さんとのはじめてのコンタクト

①桜井さんの事情や気持ちの確認
　例：菅原さんのことは尊敬していて，だからこそ，「常識的」という一言が気になった。

制服について女子社員に聞いたことで，菅原さんに矛先が向いてしまったことに責任を感じている。
プロジェクトを成功させたい。
②派遣という立場での話し合いを持つことなどへの不安などはないかどうかを確認する。
③言い出せないことが他にないか，話合いの後，会社に残りづらくなるような気持ちがわかないかなどを聴く（ただし，これは本人の言動によるもので，メディエーターからは無理やりには聞き出さない。）。

> ステージ3　AさんBさんがお互いの意見や気持ちの衝突に向き合う準備をする

主な任務・役割
- メディエーションを続けるのに最善な方法を明確にする。
- 両者が会って話し合うのか，そうでないのかを選択する。
- 登場人物を確定する。
- メディエーションに参加するという約束を明確にする。
- メディエーターを手配（アレンジする担当者とメディエーターが異なる場合）する。
- 話し合いの場所を確保する。

菅原さんと桜井さんの話し合いのアレンジをしていきます。そこでメディエーターが行う主なことは以下の三つです。

- 話し合いの日程，場所などのアレンジ
- メディエーションの方法の決定
- 協同メディエーターとの打ち合わせ

＊会社内などのケースの場合，会社の査定には関係していない点などをAさんBさん両者に確認し，伝えておくことも必要です。
＊家族・学校・会社など，それぞれの関係性が密な場合は，このステージ

で終わってしまうことも多くあります。その際，何かあったときにはどちらからでもいつでもメディエーションは再開できることを伝えておきましょう。

ステージ4 両者との話し合いの席でAさんBさんそれぞれの課題をお互いに聴く

主な任務・役割
- メディエーターからAさんBさん両者に，話し合いの席に来てくれたことに対し，歓迎の姿勢を表し，説明する。
- 話し合いに必要な約束を参加者全員で決めていく。
- これからの話し合いのプロセスを説明し，その方法でよいかどうかAさんBさん双方から了解を得る。
- AさんBさん双方から中断しないで話を聴く時間を設ける。
- 問題のきっかけなど，初期段階での対立を明確にする。
- それぞれの話の要約を，メディエーターからAさんBさんそれぞれに伝える。
- これからの流れや進行の仕方についてメディエーターからAさんBさんの了解を得る。

ステージ1,2で，メディエーターはそれぞれのお話を聴いています。ステージ4では，まず，グランドルールを作成し，そこにいる参加者が守るべきルールを決めます。その後，メディエーターがそれぞれから聴いた話を要約し，話し合いの目的を確認していきます。そして，付け加えたい点，ステージ1,2から変化している状況や気持ちについて聴いていく中で，それぞれが本当に大切に思っていることを聴き，その中からメディエーターが話し合う課題を選択していくことになります。

筆者はメディエーターの力量が問われるのはこのステージと考えています。それぞれが本当に大切にしていることを聴きながら，どの課題を設定するかによって，話し合いの進め方も違ってきますし，AさんBさんの印象も全く異なるものになってしまうからです。

Aさん，Bさんが無理なく，そして話し合いやすい課題をいかに先に

もってこられるのか，このステージではメディエーターの観察力が問われることになります。

このステージでは，菅原さんと桜井さんがそれぞれ本当に大切にしていることを話していただく場であり，自然の流れに任せていくことが必要です。

メディエーターからのそれぞれの話の要約のうち，二人が，前のステージのままで大丈夫と了解していることのほか，もう少し明確にしておいた方がよいと思っている点を質問していきます。そして次のステージに入っていきます。

ステージ5　メディエーターとAさんBさん，参加者全員がそれぞれに課題について一緒に考えていく

主な任務・役割
- メディエーターが両者と一緒にそれぞれの話し合いたい課題を見つけていく。
- AさんBさんがお互いにコミュニケーションがとれるように工夫や助けをしていく。
- AさんBさんがお互いに理解していることを確認し，思い込んでいること，仮定してしまっていることなどを明確にしていく。
- AさんBさんが話し合いたい論点についてそれぞれが心配していることを明確にしていく。
- AさんBさんそれぞれの違いを認め合い，そこから動いていくことを助ける。
- メディエーターは話し合うのに安全な環境を維持する。
- メディエーターが話し合いの流れや進行の仕方を維持する，あるいはもう一度確認し必要があれば変えていく。
- AさんBさんが過去から未来に焦点を変化させていくのをメディエーターが助ける。
- この時点まででAさんBさんが同意していることと，同意していないことをメディエーターが要約する。

主にAさんBさんが本当に大切にすることのうち，共通点を探っていきながら進行していく方法を主に取っていますが，お話を進める中では，まずは，強い想いを受け止め，それをお互いに理解し，そこから話し合いを

進める場合もあります。

　柔軟に，AさんBさんにあわせて進行していくことは各ステージ共通ですが，特にこのステージ5ではメディエーターが今まで聴いた話の中から，AさんBさん双方が話し合いたい課題の選択をしていく作業になります。その意味で，形骸化することなく，AさんBさんにあわせて進行していくことが必要になります。

> 　菅原さんと桜井さんは同じ部署の上司と部下という関係です。メディーションが終了しても，そのままの関係は継続されることも想定されます。その中でどうやったらお互いに話をしやすいか，それはどのような意味があるのかということをお互いに理解しながら話し合いを進めていくことが必要になります。
> 　話し合いの場を設定する段階から，話し合いに際しての双方の心配や不安を明らかにしながら，その心配や不安をどうやったら解消できるのかも，メディエーターは聴く必要があります。
> 　また話し合いの席で，お互いの気持ちを聴くことで，もしかしたら不安なことや心配なことが新たに出てくるかもしれません。その点も明らかにしながら，話し合いの進行を進めていきます。場合によっては，この段階で話し合いをすることが，お互いの関係性につらいこともある場合，話し合いを中断したり，その段階で休止することも必要になります。
> 　菅原さんと桜井さんのお互いに大切に思っていることの共通点は，新規プロジェクトを成功させたいという点です。
> 　まずは，成功するためにはどうしたらよいのか，そのために弊害になることはどういったことが挙げられるかなどについて，課題を絞っていくのも一つの方法です。
> 　その中で，今後プロジェクトを一緒に推進していくために，以前持ち上がった服装のことが気になる菅原さん，桜井さんの話が出てくることになるでしょう。それを第二の課題に挙げることができるでしょ

う。
　第三の課題として，他の女子社員との関係などが考えられます。第一，第二の課題が話し合われた状況で次の課題に自然の流れで移っていくことが必要です。

ステージ6　合意を一緒に創っていく

主な任務・役割
- AさんBさん，メディエーターとともに選択肢を一緒に創り出し，それぞれの申し出を明確に分かりやすくする。
- 選択肢が実現可能かどうかなど，参加者全員で確認する。
- 目の前の問題の解決をどうするのかを，AさんBさんとで一緒に考える。
- メディエーターはそれぞれから発せられる和解的なジェスチャーなどをしっかり観察し，気を配る。
- メディエーターは対話を落ち着かせ，合意を創り上げていく。
- メディエーターは合意の確認を行い，記録する。
- 参加者全員で何かあった時，その合意が守られなかった時などのアレンジを確認する。
- 参加者全員でもし合意ができなかった時には，次にどうするのかを明確にする。

　AさんBさん双方が，それぞれ今後していく行動を中心として選択肢を一緒に考えていきます。その際，行動はできるだけ具体的に，そして時間や場所なども明確にしていきます。
　場合によっては，どのように実行するのかなどを尋ねながら，選択肢の実効性を確認していくことも必要です。
　その場で話し合わなかったことが，将来起こったときにどうするのかなど，将来についても合意の中には入れておく必要があります。

菅原さんと桜井さんの場合

- この話し合いをしたことは，社内の査定に一切関係しないことを約束した。
- 菅原さん，桜井さん双方とも新規プロジェクトを成功させたいという想いは共通していることを確認した。
- プロジェクトを成功させるために，今後お互いにコミュニケーションを密にとっていくことを約束した。
- 今後服装についてお互いに心配や不安が生じたときには，お互いに相談しあう，また必要があれば，メディエーションを行うことを合意した。
- 今後の様子を見ながら他の女子社員との話し合いを必要に応じて設けることを約束した。この話し合いは菅原さん，桜井さん双方ともが提案できる。

ステージ7　終了とフォローアップ

主な任務・役割
- 話し合いのセッションを終了する。
- 必要に応じて，フォローアップを行う。
- メディエーターが抱いている感情的な疲労感などを解消する。

話し合いで二人が合意したことを確認し，話し合いの場を終了します。

帰りの二人の様子を見ながら，次にメディエーターが取るべきフォローについて，協同メディエーターと話し合います。

またメディエーターとして今回の一連の流れを振り返ることによって，今後のスーパービジョンの方法などについて決定していきます。

第5章 メディエーションのスキル

1 聴く

　前述のように，それぞれのステージで求められる任務や役割は異なります。また，分かりやすく段階を追っていますが，例えば思いのほかどこかのステージが早くなったり，あるいはそのステージがないまま進む場合もあります。人が人にかかわる以上，それぞれによって進み方も異なり，定型的にならないのがメディエーションのプロセスです。

　しかし，どの段階でも共通して大事なことは，「聴く」という点です。人にはそれぞれ見えている事柄や事情が異なり，それぞれが違いに気づき，次を考えることができるまでには，かなり時間と努力が必要になります。またコミュニケーションの特性として自分が発している言葉は，相手がその通り解読しているとは限らないということがあります。

　では，まずここで「聞く」と「聴く」の違いを考えてみましょう。英語にhearとlistenの違いがあるように，聞くと聴くでは違いがあります。聞くは「鳥の声が聞こえた」のような文のようにhearと同じで，自然に耳に入ってくるという「聞く」です。一方，聴くは「鳥の声を聴いた」のように，自ら耳を傾けて聴こうとして聴く，という積極的な行動の「聴く」になります。漢字は意味を表しているということをよく聴きますが，筆者は「聴く」の漢字を見る時，十の耳と目と心をもって聴くという意味を感じています。つまり一言に「聴く」といってもそこには色々な要素が含まれてきているのです。

　では「聴く」にはどんな要素があるのかを一つずつ見てみたいと思います。

第5章　メディエーションのスキル

❖1　聴　く

① 共感する

　「あなたのお話をよく聴いてますよ」と言えば言うほど，「全く聴いてくれてない‼」と思われてしまうことがあります。それはもしかしたら自分では「聴いている」つもりでも，相手にとって「聞こえて」いると思われてしまっていることがあるからです。

　聴いていると感じてもらう姿勢の一歩が，『共感』を分かりやすく言語化して伝えるということになります。『共感』は他の人の感情を一瞬経験することから始まります。しかし，ここで注意しなければならないのは『同情』とは異なるということです。同情は相手が考えている状況を想像した時に，自分の中に沸き起こる感情ですが，『共感』はあくまでも話し手が抱いている感情をそのまま受けとめることです。特に「かわいそう」「気の毒」などという感情は自分の感情であることも多く，時に聞き手によっては，自分が下に見られていると感じてしまうことも多くなります。

　共感は話し手が感じている気持ちが，あくまでも聞き手を通して表明することですので，相手の感情と自分の感情の違いを客観的に見ているということが必要になってきます。

　しかし，区別するのはやさしいことではありません。例えば「大変でしたね」という言葉は「相手の話を聴いて，それを自分のフィルターを通して大変だった」と感じているのか，「相手の大変さが本当に伝わってきて，相手の気持ちを表す言葉として「大変でしたね」と感じているのかです。前者であれば，時には相手の感情を逆なでしてしまうことにもなります。「私の大変さなんてあなたには分からない‼」というときです。また後者は本来であれば「大変だったと感じていらっしゃるんですね。」というのが正確な表現になるかもしれませんが，紛らわしいと思われてしまうことも現実として起こってきます。

② **非言語（言葉以外のもの）**

　言葉以外の態度，声の調子，抑揚，イントネーションなどもコミュニケーションに大きく影響してきます。

　聴き手が共感していることを話し手に感じていただくためにも，「聴かせていただく態度」というものも大切です。「聴く態度」ではなく，あくまでも「聴かせていただく」という姿勢が必要になります。単に「聴く」と考えていると「聴いてあげる」といった上から目線の態度が，聴き手に伝わってしまうこともあり，自分がいつも「聴かせていただいている」という思いを持ち続けることが必要になります。では，態度と言う点を見てみましょう。

　例えば，椅子にふんぞり返って聴いていたらどうでしょう。また腕組み，足を組むなどの動作も価値観によって解釈の仕方は多様です。しかし，逆に，前のめりになって聴く姿勢は，人によってプレッシャーを感じることもあります。人によって感じ方が違うからこそ，自分の態度の癖を知ることが必要になり，そこで目の前の方に応じて，どんな風に自分を合わせていくことができるかも必要になってきます。

　また声のトーンにも注意する必要があります。例えば高齢者など，人によっては聞き取りにくい音の高さがあることもあります。場合によっては声が聞こえていないこともあるかもしれません。自分の声はどんな高さなのか，自分の大きな声，小さな声，とはどんなものなのか，自分の態度や声のくせはどんなものなのかなど，自分の特徴を知ることが必要です。

　また普段，話をしているときの自分の表情は自分ではなかなか見えないものです。自分がしている表情が，他の人にとっては別の意味で取られていることもあるかもしれません。鏡を見ながら話をする練習をしたり，自分の表情を他の人に観察してもらったりという練習も必要になります。

③ 繰り返し

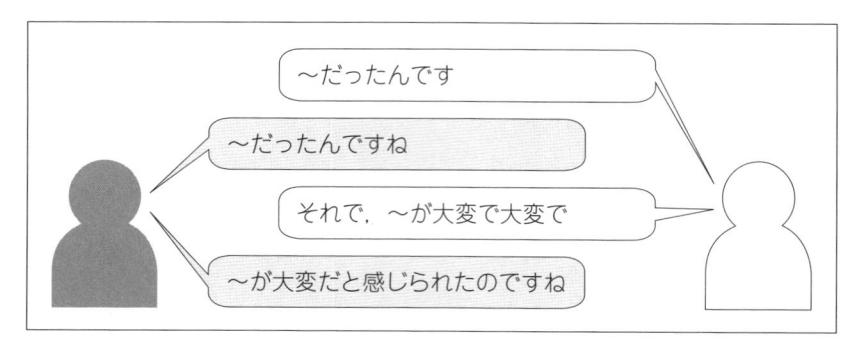

```
～だったんです
～だったんですね
それで，～が大変で大変で
～が大変だと感じられたのですね
```

　共感を話し手に感じていただくのに，一番シンプルなのが「繰り返し」です。話し手の言葉のまま，「大事だな」と聴き手が感じたことを，その言葉のまま『繰り返す』ことです。

　例えば上記「大変だった」を繰り返すと，「大変だったのですね」「大変だったと感じていらっしゃるのですね」となります。繰り返しは自分が共感していることを相手に表すことによって，相手が本来持っている力を実感することにより豊かにし，話しやすい状況を創っていくことにねらいがあります。しかし，「繰り返し」があまりにも続くと，「オウム返し」「同じことばっかり言っている」と逆に聴いていないと思われてしまうこともあります。

　つまり，繰り返しもまた，相手の状況と，自分の状況をしっかり見て，繰り返しのねらいを自覚しながらお話を伺うことが必要になります。また人は，いくら記憶力がよくても，話をそのまま全部覚えていることはできません。話のどこを繰り返しているのか，また抜けているのか，注意することが必要になります。

④ 言い換え

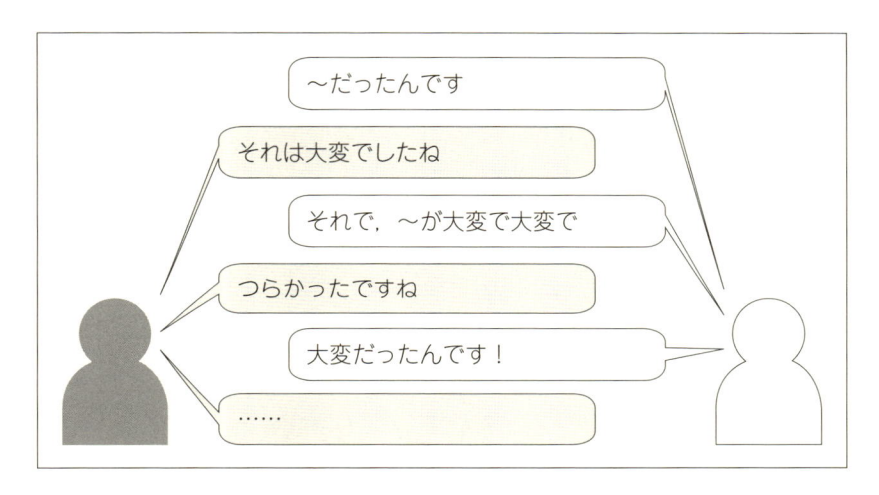

```
～だったんです
それは大変でしたね
それで，～が大変で大変で
つらかったですね
大変だったんです！
……
```

　繰り返しには「同じことばかり言っている」と思われる面があるため，そこで必要になってくるのが「言い換え」です。また，対立や紛争の渦中にいる時は，自分自身の気持ちも分からなくなってしまうことも多いことから，言葉を変えることで，お話しされている方の話の方向性を確認することも必要です。「大変だったと感じている」を違う言葉で表す方法です，例えば「つらかった」「しんどかった」という言葉などを使います。お話されている方の意味を一緒に考えることが必要になった場合，言い換えが必要になってきます。

　しかし，違った言葉を使うことによって「この人は私の話を聴いてくれてない」と思われてしまうこともあります。例えば「つらくはないです。大変なんです」と反発を感じさせてしまい，信頼関係が一気に崩れてしまうこともリスクとしてあります。そこで，言い換えをする時には以下の注意点が必要です。

第5章　メディエーションのスキル

> [言い換えの注意点]
> - 言い換えする際には信頼関係が築かれているということが前提になる。
> - 自分が「言い換えをする」ことにかなり自覚的になること。
> - 自分の声の大きさ，声の抑揚，表情などをしっかり自覚するとともに，相手の声，声の抑揚，表情などしっかり観察できること。
> - 言い換えした後の反応をしっかり観察でき，必要に応じてフォローアップができること。

　言い換えをするときに例えば「言葉は違ってしまいますが，○○というお気持ちだったということでしょうか？」というように，一言付け加える工夫もあります。また，表情などを観察し，自分が発した言い換えた言葉が，どうも相手が違和感を感じている表情をされていたら，「言葉が違ってしまったかもしれませんね。どういったお気持ちだったかもう一度お話いただけますか？」などフォローすることが必要になります。相手が「違う」と指摘しやすい環境を整えて「言い換え」することも必要です。自分がかなり自覚的に「言い換え」をしていないと何が起こったかさえも分からないまま，相手は違和感を感じながらコミュニケーションを続けることになります。コミュニケーションを見るには「自分」と「相手」を見ることが必要になってきます。

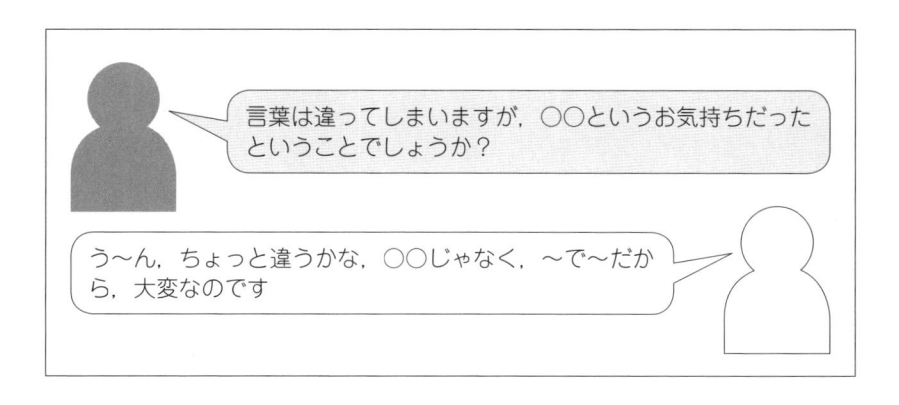

　　　　言葉は違ってしまいますが，○○というお気持ちだったということでしょうか？

　　　　う〜ん，ちょっと違うかな，○○じゃなく，〜で〜だから，大変なのです

⑤ 話し手が同じ話ばかり繰り返す

話し手が同じ話ばかり繰り返すとき、これは聴き手へのサインです。「自分の話を聴いてもらえてない」と感じると、何度も繰り返してしまうものです。話し手の「繰り返し」が続いたら聴き手は自分を客観的に見つめ、言語・非言語すべてを含め聴く姿勢を見直しましょう。

❖2 質問する

メディエーションではそれぞれのお話を聴かせていただく中で、お互いに大切に思っていることに焦点を当てて、課題を絞り、選択肢を創っていくことになります。その中では質問をしながら、焦点を絞っていくことも時には必要になります。

では質問にはどんな形があるのか考えてみましょう。質問には大きく分けて三つの方法があります。

① 閉じた質問（答の選択肢が限定される質問）

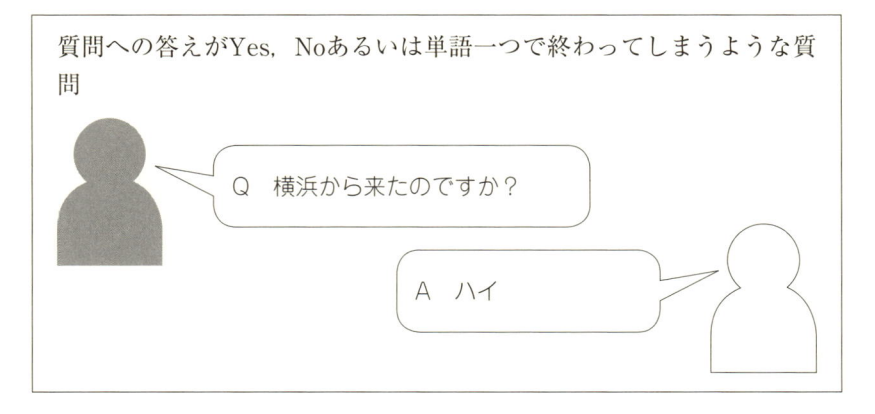

質問への答えがYes, Noあるいは単語一つで終わってしまうような質問

Q 横浜から来たのですか？

A ハイ

第5章　メディエーションのスキル

② 疑問詞を使った質問（言いかえ言い換えを伴う場合もある）

　５Ｗ１Ｈ，いつ，どこで，誰が，何を，なぜ，どちら，どうやってを使った質問

> Q　ここまでどうやって来ましたか

> Ａ１　電車です
> Ａ２　まず自宅から徒歩で，バス停まで行き，そこからバスに乗って……

③ 開いた質問（〇〇について教えていただけますか？というようなお願い）

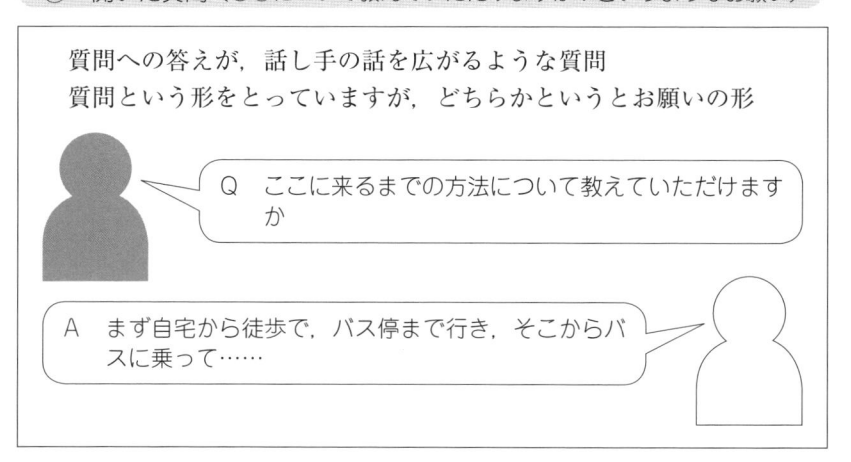

　質問への答えが，話し手の話を広がるような質問
　質問という形をとっていますが，どちらかというとお願いの形

> Q　ここに来るまでの方法について教えていただけますか

> Ａ　まず自宅から徒歩で，バス停まで行き，そこからバスに乗って……

　質問の「形」というものを考える時，疑問詞を使った質問は開かれた質問と理解している方が多いのですが，疑問詞を使った質問は答えが返ってくるまでは，答えが開いているのか，閉じているのか分かりません。つまり，質問する側の意図が伝わるとは限らないのが疑問詞を使った質問になります。

　また，質問には，「問い詰めてしまいがちになる」という裏の顔もあります。例えば，メディエーションなどを行う場合，「なぜ」「誰が」など疑

問詞を使う質問が，多くなりがちです。特に「本当に大切なこと」を聴き出そうとすればするほど，疑問詞を使いがちになってしまうことがあります。しかし，疑問詞の質問が続くと，人は尋問されているような気持ちになったり，責められているような気持ちになってしまうのです。

　そんな時に，同じ質問を開いた質問，「○○について教えていただけますか？　もう少し○○について詳しく教えていただけますか？」と組み合わせることで，話し手にとって安心感が増してくることがあります。

　例えば疑問詞を使った質問が続いてしまったなと感じていながら，「家族は何人ですか？」と聴こうとする時は「ご家族構成について教えていただけますか？」あるいは「ご家族の状況について教えていただけますか？」とお尋ねするような場合です。「ご家族の状況……」と尋ねた時点で，自分が意図していない答えが返ってくることもあるかもしれません。その時も，あせらず，その中からお話を聞かせていただき，そしてその中から家族の人数や，構成をお聴かせいただければ，話し手にとっての負担が軽減されていく場合があります。もちろん，長いお話が苦手で，単刀直入な質問を好まれ，その方が話しやすいという方もいらっしゃいます。そこは，目の前のクライアントに応じられるか，その点こそが，質問の大きな力になります。

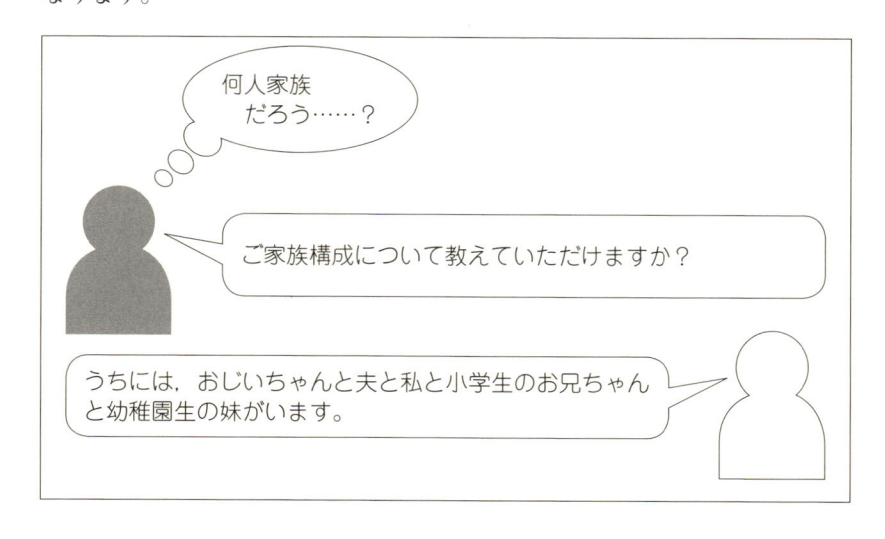

（思考）何人家族だろう……？

ご家族構成について教えていただけますか？

うちには，おじいちゃんと夫と私と小学生のお兄ちゃんと幼稚園生の妹がいます。

しかし，ここで注意しなくてはならないのは，「閉じた質問」が悪くて，「開いた質問」が良いというのではないということです。「目の前の方のお話を聴かせていただくにはどうしたらよいか」，それが原点であることを忘れないことが大事です。それぞれの質問の特性を活かし，その時々，人に合わせて質問をしていくことが，必要になります。

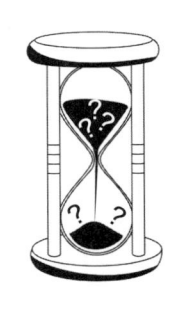

質問の方法としてＹの形で質問する，つまり最初は「開いた質問」をしながら，徐々に「閉じた質問」で焦点を絞っていくという方法があります。しかし，筆者自身はどちらかというと，砂時計のイメージを持っています。砂時計を何回もひっくり返すように，開いたり閉じたりしながら焦点を何回かに分けて質問をするイメージです。

例えば，緊張していたり，何か深く考えている時に，「何でもお話してください」と切り出しても，お話しにくいでしょう。そういった場合には，まず閉じた質問で，安心してお話できる「場」を創っていくことが必要になります。その後，状況に応じて，開いた質問や，疑問詞を使った質問を取り入れて，最終的に焦点を絞っていくことになります。つまり閉じたり開いたり，そしてまた閉じたりと目の前の方のお話を聴かせていただくには，どうしたらよいのかを考えていくためにも，自分の質問がどういった意図で，どのような形をとっているのかを自分自身で自覚することが必要になってきます。

❖3　要約する

普段，何気なく行っているのがスキルの一つが「要約」です。相談などを行っている時，話し始めたら止まらない，堰を切ったように話が続くといった，経験をお持ちの方も少なくないでしょう。たまっていた気持ちが多く，気持ちの整理がつかない場合，多数の登場人物が出てくるような場合，話し手のお話が長くなり，混乱する場合があります。特に，対立やも

めごとの渦中にいると，また人と事柄の関係が混乱してしまったり，自分自身のことが見えなくなってしまうことが多々あります。その中で話をまとめ，「話し手の話の方向性を明確化すること」が要約のねらいです。

　要約するには，前述「言い換え」のように，話し手の使った言葉と違う言葉を利用することもあります。また，「繰り返し」同様，話し手の話から抜けてしまう部分があることもあります。もし，話し手の話から抜けてしまった部分が，話し手にとって重要だった時，話し手の信頼感は一気に下がってしまうこともあります。

　つまり，「要約」には聞き手の解釈がかなり入り，聞き手の頭で整理する作業が含まれます。自分の要約は話し手にとってどんな意味を持つのか，抜けてしまっている点があるのではないか，など自分が要約したあとの話し手の表情などをしっかり観察することが必要になります。時には，「今から少しお話を整理させていただきますが，違っているところ，抜けているところがあったら，お話していただけますか？」など，話し手が，「違う」あるいは「○○のところが……」と話を続けやすくする雰囲気を作ってから要約する必要も出てきます。

❖4　リフレーミング（話し手が意味する焦点を明確にする言い換え）

「繰り返し」の場合
ケース1

> 弟は話をしようともしません。兄弟なのに！

> **繰り返し**
> 弟さんが話をしようともされないんですね

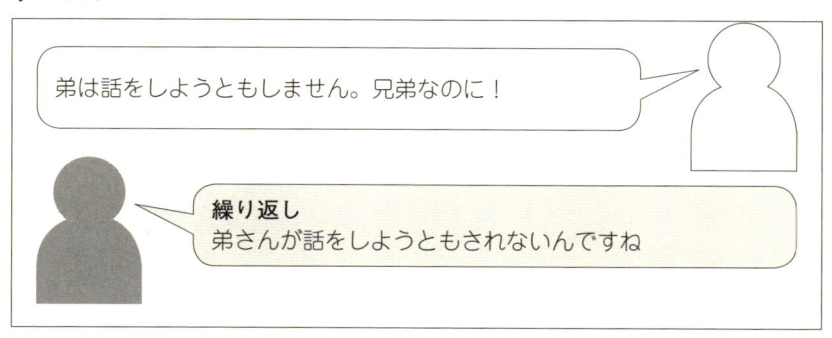

第5章　メディエーションのスキル

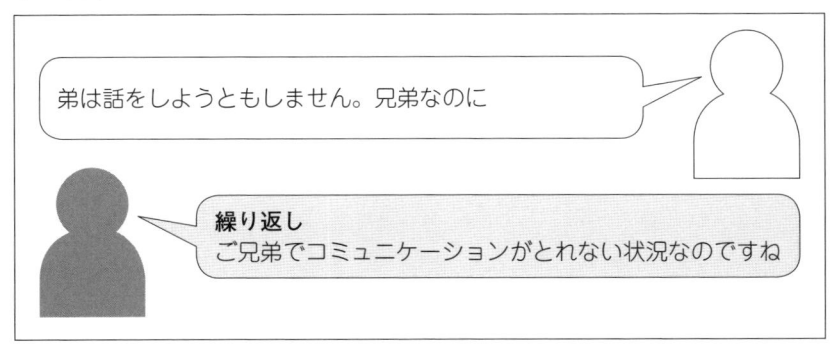

ケース2

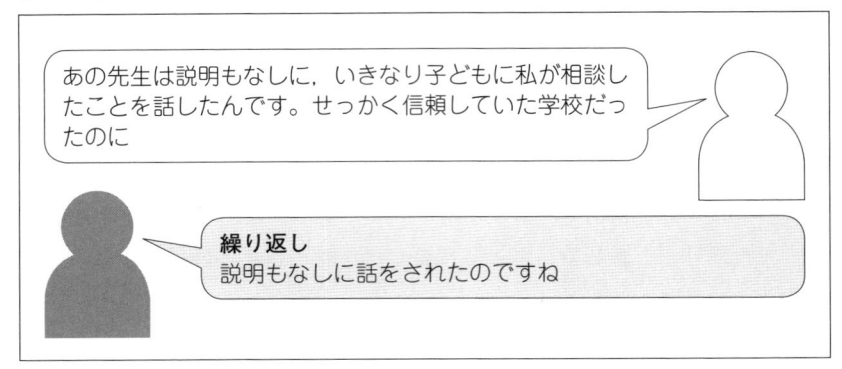

> あの先生は説明もなしに，いきなり子どもに私が相談したことを話したんです。せっかく信頼していた学校だったのに

> 繰り返し
> 説明もなしに話をされたのですね

　話し手の言葉を繰り返し共感を示すことによって，話し手が本来持っている問題を見据えて次の行動をどのように起こし，実行していくかという力を自覚して，自分の持っている力をより豊かにしていくことができるでしょう。

「言い換え」の場合
ケース1

> 弟は話をしようともしません。兄弟なのに

> 繰り返し
> ご兄弟でコミュニケーションがとれない状況なのですね

4 リフレーミング（話し手が意味する焦点を明確にする言い換え）

ケース2

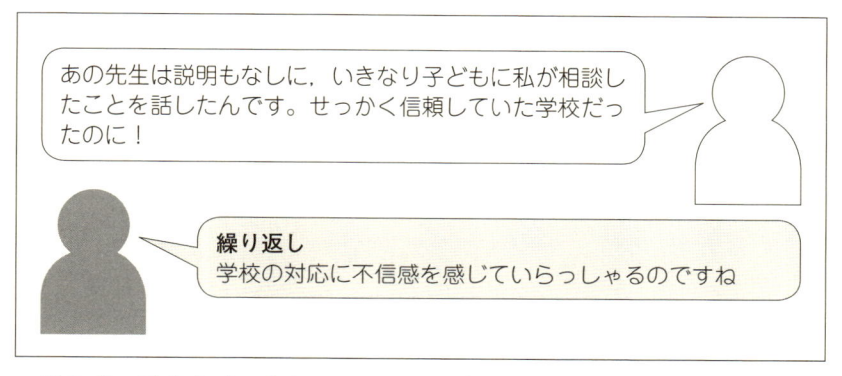

> あの先生は説明もなしに，いきなり子どもに私が相談したことを話したんです。せっかく信頼していた学校だったのに！

> **繰り返し**
> 学校の対応に不信感を感じていらっしゃるのですね

　話し手の言葉を言い変えて，その人が考えている話の方向性を確かめることがあります。

　メディエーションの話し合いのステージが進み，お互いに「本当に大切なこと」の核心が見えてきそうになった時，そして，そこからもうすこし前に本人たちが進めそうだなという何らかのサインを出している時，「本当に大切なこと」をより明確化していくのがリフレーミングという「言い換え」の方法です。

　本来，フレームというと写真や絵のフレームのような，「枠」を思い出しがちですが，フレームの語源には「骨組み」という意味があります。話し手の骨組み，つまり意味を考えて，特に土台となる「本当に大切なところ」の意味に少し焦点を当て直すこと，それがリフレーミングです。海外のトレーニングなどで言われているリフレーミングは主に前向きに焦点をあてることを指すことが多いですが，筆者は日本で実践している中，リフレーミングへの反応というものを考える場合，かなりの注意が必要と思っています。言い換えの時と同様，相手にとって唐突感を感じさせることなく，そしてその方が本当に「そうそう。そういうことなんです」と，その次によりお話やすく，そしてご自身の考えていることが明確になり，次の行動につなげやすくするためにお手伝いするには，筆者の実践を通してのリフレーミングには2種類あると考えるに至りました。

　話し手の上記の例を見てみましょう。

135

第5章　メディエーションのスキル

リフレーミング1の場合

話し手の本当に大切と思っている「気持ち」などをより強く，明確にする場合

ケース1

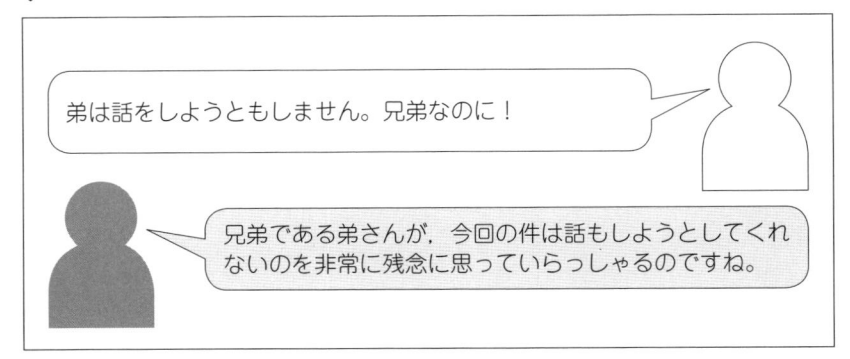

> 弟は話をしようともしません。兄弟なのに！

> 兄弟である弟さんが，今回の件は話もしようとしてくれないのを非常に残念に思っていらっしゃるのですね。

ケース2

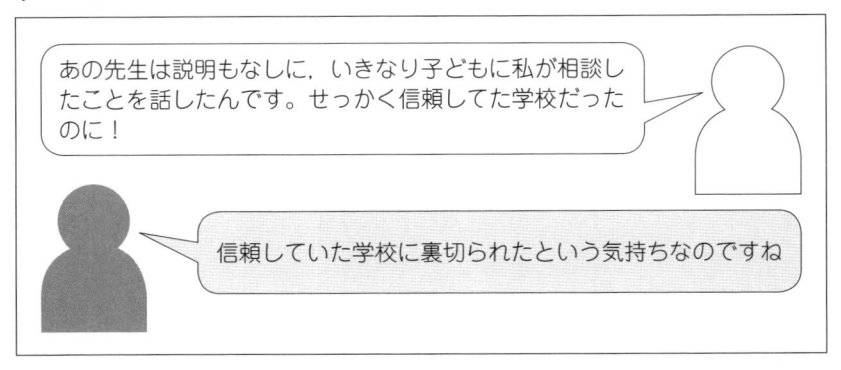

> あの先生は説明もなしに，いきなり子どもに私が相談したことを話したんです。せっかく信頼してた学校だったのに！

> 信頼していた学校に裏切られたという気持ちなのですね

　上記の言い換えに近いものになります。しかし，聞き手の意図を通してかなり，聞き手のフィルターを通して言葉を言い換えることにより，話し手が本当に大事にしていることが話して自身が明確になるように確認していく作業になります。

4 リフレーミング（話し手が意味する焦点を明確にする言い換え）

リフレーミング2の場合

> 話し手が本当に大切に思っていることを表現する際にメディエーターからは焦点が違うところに当たっているなと感じた時，焦点を違うところに当てることで，話し手が本当に大事に思っていることをより明確にする場合

ケース1

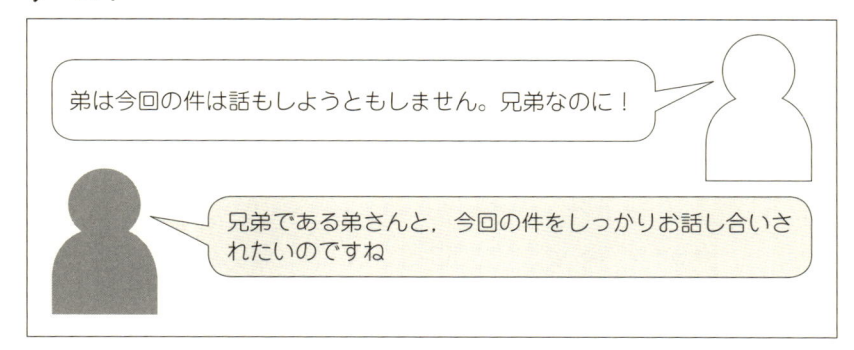

> 弟は今回の件は話もしようともしません。兄弟なのに！

> 兄弟である弟さんと，今回の件をしっかりお話し合いされたいのですね

ケース2

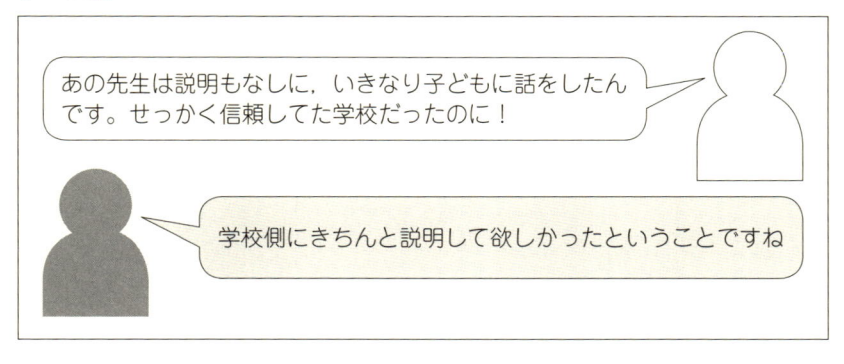

> あの先生は説明もなしに，いきなり子どもに話をしたんです。せっかく信頼してた学校だったのに！

> 学校側にきちんと説明して欲しかったということですね

　今回本書でご紹介しているのは，メディエーションの中でもファシリテーティブな（対話を促進することで，お互いに大切に思っていることを合意できるようにお手伝いしていく）メディエーションの方法です。このリフレーミングは主にステージ5，つまりそれぞれから挙がった課題についてよく考える際に使われることが多い，スキルです。このリフレーミングには，聴き手の価値観や意思というフィルターを通して言い換えをすることになります。その中で，時には，話し手が疑問文で話したことを，普通の

137

第5章　メディエーションのスキル

文章に変換することもありますし，もしかしたら話し手の意図と異なってしまうかもしれません。

　本書の一番初め，コミュニケーションの仕組みで説明したように，話し手の価値観などから発せられた言動を，聞き手の価値観などから解読する作業をし，それを相手に伝える時に，その価値観が前面に出るのがリフレーミングといっても過言ではないでしょう。一方で，このリフレーミングを使用するまでには，しっかり信頼関係が築かれていることが必要です。リフレーミングされたことが自分の意図と異なることに話し手が気づき，そこから話し手が話したい内容をもう一度話し始めるということもあります。

　筆者は，リフレーミングは「ここ！」という時に使える考え方と思っています。また，本書で紹介している欧米などでファシリテーティブのメディエーションへの批判もここにある場合があります。結局は言い換えることにより第三者がコントロールしているのではないかという点です。メディエーションの中での新しい方法，トランスフォーマティブメディエーションでは，このリフレーミングは使われることがないのも，そういった背景があります。

第6章 コミュニケーションとメディエーションスキル

　以上のようにメディエーションの流れと，それぞれのステージで特に使われる方法をいくつか例に挙げながら考えてみました。
　ここでコミュニケーションをまとめ，メディエーションのスキルをもう一度考えてみましょう。

❖コミュニケーションの「見る」に必要な"ＳＯＳ"

(Mediation UK Training Manual in Community Mediation Skill P.109)

　Self ── 自分自身
　Others ── 自分以外の人
　Situation ── 背景事情

　メディエーションで考えられるスキルをいくつか見てきました。「スキル」と呼ばれるものには，それぞれ「ねらい」があり，大事なのは，その考え方や，何のためにスキルを使うのかという点にあります。またそれは話し手と聴き手の関係性の中にあることからも，まずはスキルを使う人自身が自分自身をしっかり把握していること，そしてそのねらい，つまり，話し手が大切にしていることを明確にしながら，その方が本来持っている力を実感し，より豊かにしていくこと，が発揮できる場をお手伝いしているという状況になります。
　そのためには上記SOS，自分自身，そして自分以外の人（話し手），そしてその場や話し手の方の背景事情をしっかり観察しながら，状況に応じていくことが求められています。
　スキルを「型」として考えてしまうことは，簡単なのですが，いつしかそれが形骸化してしまわないように，あくまでも目の前のクライアントが

第6章 コミュニケーションとメディエーションスキル

主語であることを決して忘れてはならないでしょう。
　ではまとめとしてメディエーションに必要なスキルと資質について考えてみましょう。

まとめ1

❖メディエーターに必要なスキルと資質
(Mediation UK Training Manual in Community Mediation Skill P.51, 52)

【必要なスキルのねらい】

① **聴くこと，そしてコミュニケーション**
　　目の前のクライアントたちが，本当に大切なことを話す場をつくり，何を話したのか適格に確認しフィードバックする。適切で，話し手が話しやすい雰囲気を作り出し，起こった事実を話しやすいように投げかける。

② **集約する**
　　起こった事実（事柄），感情，大切だと思っていること，先に進める方法を一まとめにする。

③ **信頼関係を築く**
- 他の人（自分以外のそれぞれの人たち）が考えていること，感じていることを理解できるような気持ちを一緒に作っていく。
- 自分たち自身でのペースで自分たちの決定を出来るような機会を作っていく。
- 彼らの中で起こっている問題を自分たちで決定するのを助けるために，彼らが本当に大切に思っていることを明確化していく。

④ **明確に伝えようとすることを助ける**
　　AさんBさんそれぞれが本当に大切に思っていること，必要としていることを明らかにし，お互いに嫌な思いをすることなくお互いに伝え合うことを助ける。

⑤ 促進する

　　ＡさんＢさん双方のコミュニケーション，聴く力，気持ちや心配を伝える力が発揮できるようメディエーターの力を貸す。

⑥ 問題，課題の解決

　　ＡさんＢさん双方の真実や事実を見つけだし，問題を明確化し，それらに対して何ができるのかを見つけ出し，次の行動計画を一緒に作っていく。

⑦ お互いに衝突している状況を整える

- ＡさんＢさん双方，そしてメディエーター自身も冷静になれる場をつくること。
- お互いに相手のことを思いやりながら自分が伝えたいことを伝えること，関係者の間で感情が高ぶった時，怒りを鎮め，その中でも強く感じている気持ちに応えながらお互いに認識し，そこから前に向かうことを考えるように，コミュニケーションを促進すること。

⑧ メディエーションのプロセスを整える

　　そこにかかわるすべての人のために，多様なスキルを統合し，構成を提供，そしてメディエーションのプロセスを管理していく。

【資　質】

① 状況とそこに関わる人を理解する

- そこにかかわる人と経験を共有するということ。
- 多様な言動があるということを理解すること。
- それぞれが本当に大切にしていることへの実質的な知識があること。
- 関連する規則やガイドラインを良く知っていること。

② 経験から学ぶ能力

- 知識，自己自身に気づこうとすること。
- 他者を理解することに基づきながら自ら進んでいこうという熱心

な気持ち。
③ **素直であること**
- 正直であること。
- 自分自身の強みや弱みを知っていること。

④ **他者に対して心を開くこと**
- 尊敬すること。
- 違いを認め，自分自身の偏見に気づくこと。

⑤ **公平であること**
両者双方のための結論について思いをはせることができ，その思いを両者のために行動に移すことができる能力。

⑥ **自分自身を理解すること**
- 自分自身の気持ちや言動に注意をはらうことができること。
- 自分自身に気づかないまま当こと者全員を軽んじたまま応対しないこと。

⑦ **柔軟性**
それぞれの状況の必要性に応じて，プロセスを変更することができること。

⑧ **バランス**
自分自身の感情に気づく能力があり，状況の必要性に応じてバランスをとることができる。例えば，信頼できる機関や情報にマッチさせることができ，関係者のために自分自身が心配している気持ちなどを自分自身でコントロールできること。

⑨ **均等な機会を作り出すように関与すること**
- そのもめごとや対立にかかわる人々の一端を担う「主義」，例えば，人種的なもの，性別的なもの，年齢的なものなどがどんなものであるのかをお互いに理解することを構築していこうという意志。
- 違った文化背景で必要としているものに気づき，公正で差別のない方法で多様なクライアントや仲間と共に協力しようとすること。

⑩ **分析能力**
- 変化や同意の現実的な機会を見据える能力があること。
- いつ止めるか，いつ続けるのかを知っていること。

⑪ **創造力**
アイデアを考え出し，必要性に応じて違う方法にトライし，状況に応じて柔軟に変更できる能力。

⑫ **プロフェッショナリズム**
真剣に取り組み，予定や約束どおりに準備し，何時もそこにかかわる人を尊敬すること。

では「聴くこと」をもう一度まとめてみましょう。

まとめ2

❖**受身で聴くのでなく，自らが意識しながら聴くということ～アクティブリスニングスキル～**

(Mediation UK Training Manual in Community Mediation Skill P.103)

聴き方の例をねらいにそって具体的に挙げてみます。

① **促進する**
「もう少しお話していただけませんか」
「ちょっと前にお話されていたことなのですが……」
「何が起こったか説明していただけませんか？」

② **受け入れる**
「なるほど」
「とても大切なことだったのですね」
言葉以外のうなずき，視線，受け入れていることを感じていただけるような態度。

③ **肯定する**

「今日はこちらにお越しいただき，ありがとうございました。このことについてご一緒にお話していきたいと思っています。」

「たくさんの情報をお話いただきまして，ありがとうございました」

④ **共　感**

「なぜ心配されているのか理由がわかりました」

「○○さんにとってとても厳しい状況だったのですね。そして，そのことにとても気が滅入っていたんですね」

⑤ **多様な形を使った質問**

「もう少しそのことについてお話いただけますか？」

「それが起こったのは，まさにいつだったでしょう？」

「誰か他にこのことについてお話している方はいらっしゃいますか？」

⑥ **反　映**

（○○さんの発言：「もううんざりなんです。」）

「うんざりされているんですね」

「何が一番イライラさせますか？」

⑦ **要　約**

「○○さんにとってとても重要なことがいくつかおありということですね」

「最初は静かだったのに，その音が突然うるさくなってきたようですね。そして二か月の間に三つ出来事があったとお考えなのですね」

【その他大切なこと】

① **タイミング**

　質問やメディエーターからの発言は，話し手のペースに添ってされることが重要です。

② **バランス**

事実と気持ちを聴きそれに応じていくこと，メディエーターは関係者自身が問題を解決していこうとするように移っていくことが必要になり，話し手もすべての話をしていく必要が出てきます。

③ **声のトーンと大きさ**

聴き手にとって声のトーンや大きさの種類があることに気付くことが重要です。やわらかいトーンから少し硬いトーンに移る必要がある場合，またはソフトな声から大きな声に移る必要がある場合，徐々に段階を上げたほうが良いでしょう。突然変化することはその場を混乱させてしまう可能性があります。

❖意見や気持ちの衝突，そしてそれらを何とかしたいと思う決意にはどの様な要素が含まれているのでしょうか

(Mediation UK Training Manual in Community Mediation Skill P.61)

背景と要素を考え聴くためのチェックリスト

> ☐ **意見や気持ちの衝突に起こっている構成要素は何なのか**
> - 話し合いが口論や言い争いになってしまうのはどういう時か。
> - 気持ちや意見の衝突はそれぞれの毎日の生活のどのような構成部分なのか。
>
> ☐ **力の感じ方**
> - 慣習化されてしまっているような圧迫感や不利益による影響はないか，他の要因はあるのか。
>
> ☐ **役割の交代**
> - 発言権のコントロールしている人はいるか，提案することにしり込みしてしまうことはないかなど，誰がいつ話をしているかを注意深く観察する。
>
> ☐ **聴くスタイルと期待**
> - 沈黙，積極的，あるいは受身的なのか。

- ☐ **話題のコントロール**
  - 何について話し合うかを誰がコントロールしているか。
  - そこにかかわる人たちが話し合うべき課題についてどのようにアクセスしているのか。
- ☐ **口論や言い争いなのか話し合いなのか**
  - お互いの気持ちや意見の衝突はそれぞれが容認しているものなのか，反対しているものなのか，あるいは，いつも冷静でいることを期待されているものなのか。
- ☐ **言葉以外の態度**
  - 視線の配り方，視線の位置，顔をしっかり見ているのか
  - 顔を見ないようにしているのか。
- ☐ **情報などの利用**
  - 以前理解していたこと，その人が悪い又は悪くないと決めた証拠，誰がそういった情報源にアクセスしているのか。
- ☐ **その人だけが考えている状況**
  - 誰が信用できるのか。
  - 誰が参加するのか。
  - 参加者はどのように，何を話し合いに重きを置いているのか。誰が誰の意見に従うのか。
- ☐ **お互いに衝突している状況下での場を整えようとするスタイル**
  - 衝突している状況を避ける。
  - 人前でけんかする。
  - 巧みに操作する。
- ☐ **決定**
  - どのように，誰によって決定されるのか。
  - どんな相談，支援体制があるのか。
- ☐ **約束を守ること**
  - いつ決定がされ，いつ約束が守られるのか。
  - 約束を守ろうとする時，手助けになるものは何か。
  - 約束を妨害するものは何か。
- ☐ **個人的なことを開示するレベル**
  - そこに関わるそれぞれの人はどの程度自分自身のことを語るのか。

- そこに気持ちは含まれているのか，いないのか。
- ☐ **感情的な部分**
  - 何を期待しているのか，何がふさわしいのか。
- ☐ **本当に大切にしていることは公的な衝突なのか，私的な衝突なのか**
  - 例えば　面目を保つため　など。

第7章 メディエーターに必要な体制や考え

1 スーパービジョン

　両当事者の話を聴くステージ1～3，両者の話し合いを促進していく役割のステージ4～7いずれかも，人の話を聴いて，そしてその中で一緒に考えていくことにはストレスを感じることがあります。例えば毎日，連続して怖い映画を見続けていたらどうなることでしょうか？　映画のこととは言え，それは自らの心に少しずついろいろな気持ちが蓄積されていきます。またメディエーションという正式なプロセスにかかわらず，人と人が衝突しているところに，何かの形で入ろうとする時には，勇気や覚悟も必要になります。同時に自他への，観察，そして聴くことなど，集中力も求められることになります。その緊張感を維持するためにも，自らのメンテナンスが必要になるのも間違いありません。そこで必要になるのが，前述ステージ7に含まれるメディエーターへのフォローアップ「スーパービジョン」です。

　筆者自身，メディエーションを始めたころ，悩みやもめごと，葛藤を抱えたクライアントとかかわる中，とても重い気持ちを引きずることがありました。しかし，それはクライアントにかかわるプロフェッショナルとしてどうなのでしょうか？　欧米のメディエーターたちはどうしているのかが，筆者にとって大きな課題でした。そこで　出会ったのがスーパービジョンでした。

2 転移と逆転移

　メディエーターや支援者に対して，例えば会社などでは上司，学校などでは先生があたるかもしれませんが，クライアントが支援者に過剰に寄せてしまう感情の移り変わりを心理学の用語では「転移」と呼びます。良く

例えに使われるのが支援者が，性別の異なるクライアントの感情を共感的に受けとめているうちに，クライアントから恋愛感情に近い感情を抱かれてしまう例です。この転移の減少は，例えば高齢者の方のお話を聴かせていただくうちに，こちらの職務以上のものを期待されて，それが徐々に依存的なものに移っていくということも含まれます。

　一方，支援者がクライアントに過度に感情移入してしまうのが，「逆転移」です。例えば上述のような，高齢者などのお話を共感していくうちに，「自分が何とかしないといけない」とか，クライアントのお話を自らの身に振り替えて重ねて思ってしまうことなどがあたります。「間接的逆転移」というのは，例えば職業など，自らのバックグラウンドを通してクライアントの話を，解釈しすぎてしまうことを言います。

　転移を起こしてしまっているのは確かに支援者の責任でもあります。しかし，それはクライアントの気持ちであり，支援者がどうにもできない部分も多いのが事実です。クライアントからの転移に関しては，個人だけでできることに限界があること，どこかで，それを分かりやすくクライアントにお伝えしたり，場合によっては担当者を変更するなどの方法が考えられます。

　では，逆転移に関しては，どのような方法があるでしょうか。

❖3　デブリーフとスーパービジョン

　従来多くの支援者，特に感情を聴かせていただくことの多い場合，その聴かせていただいた時に自分が抱いてしまう感情は「職場から持ち出さない」「職場を一歩出たら忘れてしまう」のがプロだという考え方がありました。しかし，多様化する社会のなかで，自分の考えとは全く違う方のお話を伺うこと，そしてそれらに共感し続けていくことで自分自身の感情が疲弊したり，燃え尽きたりする現象が多く，支援のためには，「支援者のための支援」が必要であることが言われ始めました。

　もちろん「寝たら忘れてしまう」「事務所を出て引きずったことはない」

第7章　メディエーターに必要な体制や考え

というのも，支援者にとって大事な資質であることは間違いないです。しかし，例えば，家に帰り，ふと様々な発言や態度が頭をよぎる，別のクライアントと接している時に違うクライアントの場面が思いよぎる時など，課題が残ったクライアントとのかかわりが，モヤモヤしたまま残っていることが多くあります。また完全に忘れてしまうということではなく，どこかでクライアントとのかかわり方を，第三者，主に経験を積んだ支援者と話をする中で，自分自身を客観的に見直す必要もあります。それがスーパービジョンです。

今回本書で紹介している，イギリスのコミュニティのメディエーション組織「Mediation U.K.」で，メディエーターのスーパービジョンをメディエーターの要件として定めているのもそのためです。自分がメディエーションで課題を抱いていようと，いまいと，自分自身のメディエーターとしての役割やかかわり方を，少なくとも年に1回，通常は年に2回〜3回必ず，先輩メディエーターや，外部のスーパーバイザー（経験を積んだ支援者）とスーパービジョンを受けなければなりません。

① スーパーバイザーを見つける

スーパーバイザーによって方法は様々です。自分の悩みや，時には家族構成，自分の生い立ちなどをすべて話す必要がでてくる場合もあります。多くの場合，スーパーバイザーとスーパーバイジー（相談する人）の間で守秘義務契約を結び，スーパービジョンを受けることになります。しかし，自分が話せる相手というのを選ぶことも重要な要素です。筆者がイギリスで見聞きしていても，組織に自分にあったスーパーバイザーがいない場合，外部のスーパーバイザーとスーパービジョンを受け，その費用を組織がもつといった場合もあります。

② スーパービジョンの三つの機能

スーパービジョンの機能やステップにはいろいろなモデルがありますが本書では大きくわけて三つの機能を挙げます。第一に支持的機能，第二に教育的機能，第三に管理的機能です。※参考文献（P.159）参照

【支持的機能】

スーパーバイザーはスーパーバイジーの努力や苦悩を受け止めていく役割を果たしていきます。

メディエーターが両当事者のAさんBさんを受け止めていくように，スーパーバイザーもまたスーパーバイジーをまず受け止めることが必要です。特に精神的にストレスを感じているスーパーバイジーの気持ちを受け止め，スーパーバイジーがその場でどのように苦悩し，自分が努力したかを認めていくことが，まず一歩になります。

特に，スーパーバイジーがクライアントに怒りやネガティブな感情を抱いている時，自分の感情をスーパーバイザーに言語化していく作業があります。「クライアントに対して本当は言いたかったことを私にぶつけてみてください」といった方法です。スーパーバイジーによってクライアントに対するネガティブな感情を言い出しづらい場合は，スーパーバイザーがスーパーバイジーに代わって言語化し，「こういう気持ちでしたか」と確認をする作業を行う場合もあります。

【教育的機能】

スーパーバイザーはスーパーバイジーが経験したことを今後につなげるために，何が必要なのかを共に考えたり，時にはアドバイスをする役割を果たしていきます。スーパーバイジー自身が自分に起こったことを客観的に見ることができるように，話しを聴き，その中から自分で何が必要なのかをできるだけ自分で考えられるような質問を投げかけていきます。状況によっては，アドバイスを行うこともあります。例えば，今後学ぶ必要があるスキルや考え方が明確になった時点で，本や研修を紹介するようなこともあります。

【管理的機能】

スーパービジョンは単発で終わるものではありません。スーパービジョンによってメディエーター自身が理解した，今後自分に必要なことが，どれだけ成果が挙げられているかも管理していく必要があります。特に組織の中でのスーパーバイザーは，スーパービジョンの結果が組織の質向上に

どれだけ成果を挙げているかも見ていく必要があります。個人のスーパーバイザーも契約したスーパーバイジーの資質の向上を管理する役割を果たすことになります。

スーパーバイザーによっては，話し合った課題や研修の成果をレポートとして提出することを求める場合や，一定期間時期を定め『振り返りレポート』（一定期間自分が行ったことに対して自分自身を客観的に分析するレポート）を提出する場合があります。

組織によっては，個人情報以外の部分で，スーパービジョンの結果を組織に提出する必要がある場合もあります。

③　スーパービジョンの種類

A）個人的なケースでかつそれが，他のケースにも当てはまる場合も考えられるケース

メディエーションがそれぞれの人にかかわっているように，たとえ同じに見えるケースでも人が違えば内容や，それぞれの大切に思っていることは全く異なります。しかし，もしかしたら，今後同じようなことが起こるかもしれない。ということがある時があります。例えば，どちらかが「土下座をしろ‼」とメディエーションなどの話し合いで口調を荒げるような場面です。土下座というのは独特な文化であり，謝罪の表し方の一つです。ただ，例えば「土下座」一言とっても，受け取る側の解釈の仕方によって，その言葉の意味することは全く異なってきます。しかし，自分がメディエーターとしてした言動が，メディエーターの役割としてどういう意味や影響を与えたか，今後どのような可能性があり，どのように対応していく必要があるのか，等を考えておくことはメディエーターの質を維持するためにも大事です。

まずメディエーションの始め方などを確認することも必要な場合があります。また，当事者の方たちがどのような状況だったか，その時メディエーター自身はどのように感じ，どのような言動をとり，その結果として当事者の方にはどのような変化が見えたのかなどをスーパーバイザーと一緒に客観的に分析し，今後自分自身で何を学ぶべきか，今後必要なトレー

ニングは何かなどをスーパーバイザーと共に考え，時には課題図書などを告げられる事もあります。次につなげるような振り返りやアドバイスを受けることが必要になります。

B) グループスーパービジョン（組織としてケースを共有しておく必要がある場合）等

特に機関としてメディエーションを行っている場合（ADR機関として）上記，土下座の例もそうかもしれませんが，例えば他の機関と連携してメディエーションを行った例などは，もしかすると機関としての対応を，そこにかかわるメンバー全員で共有しておく必要が出てきます。それがグループスーパービジョンです。よく事例検討会と誤解されることがありますが，あくまでもケースを通じて，機関としての対応を検討することになります。そのため，グループスーパービジョンには同じような経験を持つものが集まり，（新人がオブザーバーで参加することはありますが発言することはできません。），自分の経験から，どのように考えていくかなどが主に話し合われるものです。グループスーパービジョンは非公開で行われ，事例などが紙に書かれている場合は，グループスーパービジョンが終わった時点で回収され，ケースの内容や話し合われたことが外に出ることは決してありません。また事前に守秘義務の約束を書面で提出する場合もあります。

C) デブリーフ

デブリーフはメディエーターなどの支援者がクライアントとの対立を通じて生じた感情の面などに焦点をあてる作業です。特に転移，逆転移の現象が起こっている時などは，自分自身に何が起こったのか，何が原因なのか，今後どうすればよいのかなどをスーパーバイザーと話をしていき，今後の行動計画などを決めていきます。グループスーパービジョンなどでは話せない個人的な感情などにかなり深くまで入っていくことになります。自分自身をかなり深いところまで振り返ることになります。クライアントにかかわる際に，自分の背景にある，日ごろは忘れてしまっているような自分の生育暦，家族との関係などを語る必要が出てくることもあります。

第7章　メディエーターに必要な体制や考え

　そのため，ロンドンでもデブリーフまで行うスーパーバイザーは少ないかもしれませんが，メディエーターや支援者としての質を維持するためには，やはり支援者自身の感情を一度きちんと客観的に見つめ直す必要がある時もあります。また特に逆転移の現象が起こっている時は，自分の認知をもう一度確認し，将来の計画につなげる必要がでてくるのです。

　上述のようにデブリーフは個人的なことにかなり深くかかわることになりますので，1対1，しかもかなり信頼しているスーパーバイザーの下で行われることになります。

　行動計画を伴うため，デブリーフの結果，見えてきた課題がスーパーバイザーから提示されるとともに，スーパーバイジーからも自分の計画がどのようになっていったかなどのレポートを提出する必要がある時があります。

　スーパーバイザーは機関内で役割を担っている人が決まっている場合と，外部のスーパーバイザーと契約をする場合と2種類あります。

④　グループスーパービジョンとデブリーフの違い

　例えば　前述の「土下座をしろといわれた」という事例を用いグループスーパービジョン，デブリーフの違いを見てみましょう。

　A）グループスーパービジョン

　　両当事者AさんBさんがそろった話し合いの席で，AさんがBさんに向かって「一生許さない，土下座しろ!!」と声を荒げた。メディエーターとして，この場は繰り返しや言い換えといった「スキル」を使う場ではないことは，自分でも分かった。しかし，自分や一緒にメディエーターをしていた協同メディエーターも何もすることができず，結局BさんはAさんに向かって土下座をした。しかし，Aさんも決して満足した様子ではなく，むしろ，ばつが悪そうな雰囲気になってしまった。その後の話し合いを通じて雰囲気も良くなり合意はできたが，今後日本でメディエーションをしようとする場合，同じようなことが起こる可能性は高いと思う。今後このような場合はどのようにすればよいのか。

154

実際のグループスーパービジョンではこういった事例をもう少し詳細に話し，その場の当事者，そしてメディエーターの様子なども客観的に分析していきます。前述したようにグループスーパービジョンは，同様の経験を持った参加者がそろっていますので，自分の経験などもその中で話されます。その上で，例えば「グランドルールの決め方」といったメディエーション基本ルールを見直す（例えばグランドルールに，「メディエーションの場では誰かが誰かに強制することはできません」という約束を加える）など，今後，同じことが起こりそうなとき，そして起こったときにどのように対応するか，あるいは未然に防ぐにはどうしたらよいのかなどのアイデアを出し合っていくことになります。

B）デブリーフ

> 　両当事者AさんBさんがそろった話し合いの席で，AさんがBさんに向かって「一生許さない，土下座しろ!!」と声を荒げた。メディエーターとして，この場は繰り返しや言い換えといった「スキル」を使う場ではないことは，自分でも分かった。しかし，自分や一緒にメディエーターをしていた協同メディエーターも何もすることができず，結局BさんはAさんに向かって土下座をした。しかし，Aさんも決して満足した様子ではなく，むしろ，ばつが悪そうな雰囲気になってしまった。その後の話し合いを通じて雰囲気も良くなり合意はできたが，それ以降，当事者の人，特にAさんBさんくらいの年齢（メディエーターよりかなりの年上）の人の話しを聴くのが怖い。また年上の人と話すとき，ドキドキしてしまう。メディエーションにかかわることは自分の仕事として今後も続けていきたいと思っている。

　上記のグループスーパービジョンとの違いを見ていただくとお分かりいただけると思うのですが，デブリーフの場合，スーパーバイザーはクライアントを通じて生じたスーパーバイジーの個人的な気持ちを聴きながら，時にはスーパーバイジーの生育暦，家族構成，などを聞きながら，どうしてこのような気持ちになるのか，スーパーバイジー自身を客観的に見つめ直す機会を一緒に作っていくことになります。この内容は，いくら気の

第7章　メディエーターに必要な体制や考え

あった仲間同士といえども，グループでは話しづらいことです。そのため1対1でのデブリーフ，しかもしっかりと契約を結んだスーパーバイザーと行うことになります。

　デブリーフで，特に一番重要なのが「支持的機能」です。自分が頑張ったこと，そしてつらかったこと，怖かったことなどをスーパーバイザーは丁寧に話しを聴き，しっかりと受け止めていきます。その時点では上述のようにクライアントに対して抱いた感情を言葉に出す作業なども含みます。そして，その事実が起こった背景を自分自身で客観的に分析できるようにスーパーバイザーが支援をしていき，その後，「教育的機能」，「管理的機能」へと段階を追っていくことになります。

　上記のデブリーフの例では，スーパーバイジーがその時クライアントに抱いた気持ちを確認し，自分の育った環境，両親等との関係，その他年配者との関係などにも焦点をあてていきます。時には日ごろ忘れてしまっているつらい過去を思い出すこともあります。自分の気持ちの背景に気づくことによって，今後どうすればよいのかというのをスーパーバイザーと確認しながら行動計画を一緒に作っていくことになります。場合によってはスーパーバイザーだけでなく，他の専門家（カウンセラーや，法律家など，それぞれの悩みの根底にかかわる専門家）にしっかりつなげていくこともスーパーバイザーの役割です。

　別の例を考えてみましょう。例えばスーパーバイジーの逆転移の場合は，自分の認知を客観視する機会を作っていくことになります。これは単にスーパーバイザーから「自分と人は違うでしょう？」と説得されるものではなく，スーパーバイジーが自分自身で気づくように，スーパーバイザーが質問や確認をしていきながら，スーパーバイジー自身が自分で今後を見つけていけるような機会を作っていくことになります。

　スーパービジョンはスーパーバイジーが自分の気持ちに気づき，そこを癒すためだけのものではありません。また事例の自慢大会でも，懺悔の機会でもありません。実務を始めると，自分が学んでいる時には，想定もしていなかったことが起こります。実際は想定以外の部分のほうが多いのが

事実です。自分でスキルは万全と思っていたことも根底から覆されることもあるでしょう。そういったある意味ショッキングなことを，忘れてしまったり，放っておくこともできます。しかし，スーパービジョンはこの機会を次につなげ，メディエーターとしての資質の向上を大きなねらいとしているのです。メンタル的な治療や対応が必要な場合，信頼できる然るべき専門家と連携していくこともスーパーバイジーの大切な役割です。

そこからどうするのかということが，それがまさに教育的機能と管理的機能に結びついていくのです。

4 スーパービジョンの順序，その必要な工夫

上述のようにスーパービジョンには三つの方法があります。例えばADR機関のように，組織としてメディエーションを行っている場合，例えば以下のような手順で行われる事があります。あくまでもサンプルですので，機関によって様々な方法や工夫があります。

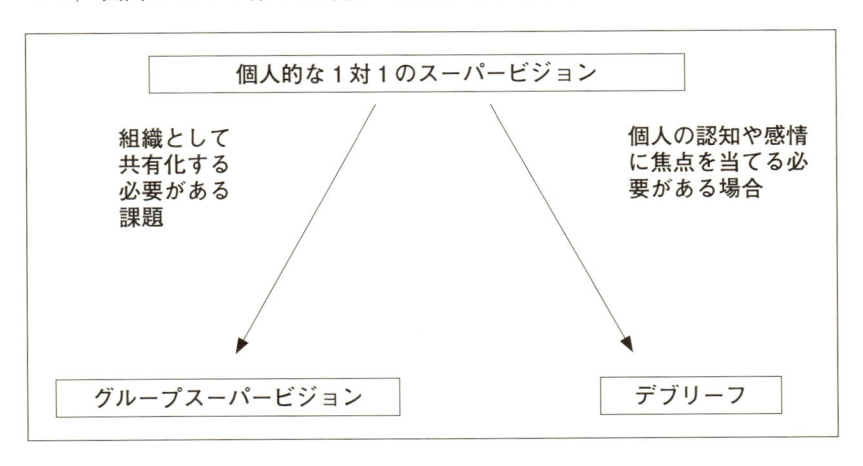

```
           個人的な1対1のスーパービジョン
          ／                            ＼
組織として                        個人の認知や感情
共有化する                        に焦点を当てる必
必要がある                        要がある場合
課題
    ↓                                    ↓
グループスーパービジョン            デブリーフ
```

すべてのケースで三種類のスーパービジョンを行う必要はありません。スーパーバイザーが必要に応じて行っていきます。

第7章　メディエーターに必要な体制や考え

✤5　メディエーターや支援者が安心できるシステム
　　（特に訪問支援：アウトリーチの場合）

　メディエーションを現地で行う場合，又はアレンジの際，現地を訪れる必要がある際など，メディエーターなどの安全を確保する必要があります。特に家庭問題などのメディエーションをする場合，訪問する場所，状況などによって危険が伴うことがあるからです。例えば訪問するタイミングや家の中に誰がいるかなどをしっかり把握していなければ自らが暴力を受けることもあり得る場合もあるからです。

　筆者がロンドンでの実務研修やその他トレーニングなどを経た経験の中からは，以下のアイデアがありました。

- 現場到着時，訪問後には管理者（事務所の上司など）に連絡をいれ，安全であることをいつでも確認できる状況にしておく
- 一名体制では訪問はしない，常に二名体制で行う
- どうしても一名でいかなければならないような時は，玄関の外で1名待っているなどの工夫をする（車の中など）
- 防犯ブザーを必ず持参する

などです。

　わが国でも様々な支援の形の一つにアウトリーチ（訪問支援）が取り入れられ始めました。特にメディエーションの現場は，お互いに意見や感情が衝突している現場です。時には思わぬことも起こります。メディエーター自身がまず自分の安全を確保し，安心を感じながら現場にいられることが重要です。

5 メディエーターや支援者が安心できるシステム
（特に訪問支援：アウトリーチの場合）

> サポート体制に必要なことをまとめましょう。

- プロフェッショナルとして，そしてメディエーションにかかわる実務的な課題についての助言やスーパービジョン体制
- メディエーションにむけて効果的な準備と難しい局面や課題に接した時のデブリーフ
- 実務を行う上での健康，安全，セキュリティなど一人一人が守られる体制
- 自分自身を継続的に向上したり，自分自身が必要と感じるトレーニングを受ける体制があること
- 能力，業績，変えなければならない部分についての建設的なフィードバックを受けられる
- 他の機関のメディエーターとのネットワーク
- さらなるトレーニング，ジョイントワークショップ，定例会議などのための他機関とのネットワーク
- いろいろなサポート体制についての情報にアクセスできること
- メディエーションサービスについて意見を交換したり，声をあげたり，今後の希望などを自由に発言できる状況

参考文献
- Julie Hay "Reflective Practice and Supervision for Coaches" Open University Press（2007）
- Peter Hawkins, Robin Shohet "Supervision in the Helping Professions" Open University Press（2006）
- Steve Page, Valwosket "Supervising the Counsellor A Cyclical Model" Routledge（2001）
- 植田寿之「対人援助のスーパービジョン」中央法規（2009年）

第8章　おわりに

　対立やもめごとはどうして起こるのか，そしてその中でのコミュニケーションの仕組みを考えた上で，メディエーションのねらいや流れについて考えてきました。メディエーションという大きな流れの中では，ＡさんＢさんという両方の当事者の方たちが中心になってそれぞれの課題を自らが解決しようとする力が発揮できるようにお手伝いしていくのがメディエーターの役割になります。ＡさんＢさんが自分たちで何とかできると思った瞬間に，彼らの前からメディエーターは見えなくなっているでしょう。ＡさんＢさんが自らの力を発揮できる時点でメディエーターは空気のような役割になっていき，そこに共に「いる」ということが大切な役割に自然と移っていくのです。

　本書でのステージ分けも，現場では順番どおり起こらないかもしれません。いえ，そこにかかわる人によって異なってそれぞれに動いていくものがメディエーションだと言っても過言ではないでしょう。時にはステージが飛んで，一気に進んだり，あるいは当事者の方が何かに気づいてステージを戻っていったりというプロセスが起こります。その中でメディエーターは自分自身，そしてその場のＡさん又はＢさん，そしてＡさんＢさん両者の場合も，その場を一緒に創っていくことにほかなりません。スキルも同様です。本書の中にも書きましたが，このスキルを使えばすべてがうまくいくというのはありません。その時々のねらいの中でこそ，スキルというものが存在し，当事者の方にとって何がお役に立てるのかということを考えていくことが必要になります。また例えば同じスキルでも，場面によっては全く異なるねらいとして受け取られることもあることを，メディエーターは常に自覚する必要があります。熟練したメディエーターであればあるほど，それらが自然に見えることが多いかもしれません。しかし，メディエーターの中では，目の前で起こっていること，そして先のこと，

自分自身のこと，多くのことが考えられ，メディエーター自身の中で構成され組み立てられています。だからこそ，メディエーターは自分の自覚を知るためにも，メディエーションのねらいや，流れ，そしてそれぞれで自分が果たすべき役割や方法，そしてその能力，や資質の向上方法を知っておくことが必要なのです。

　もし，人がそれぞれ持っている問題解決能力が自然に発揮できればメディエーターの存在の存在自体必要なくなるでしょう。それが学校教育の場で行われるメディエーション，やピアメディエーション（後述P.229）のねらいとも一致していることなのだと思います。メディエーションという考え方を「紛争解決」の方法としてとらえるというよりか，それをみんなが知ることにより，「紛争予防」として考えていく，筆者自身，メディエーションの大きなねらいはそこにあると考えています。

　実際のメディエーションに参加することで，参加者それぞれが体験する教育的効果というのが地域，社会に根づいていくことでよりメディエーションが社会により認知されていくことになるでしょう。

第 2 編
事例編

　メディエーションが役立つ場面。それはみなさんの身近な生活，例えば，職場，家庭，学校などの中にあります。もしかしたら，これからご紹介する事例と同じようなことがみなさんの周りに起こっているかもしれません。
　まずはそれぞれの人の気持ちや立場，事情を考えて，各事例を読んでみてください。メディエーションがどのように進められていくか，そして間に入るメディエーターとどのようにかかわっていくのか，想像してみましょう。そして次に，あくまでも一例ではありますが，各ステージでどんな展開になるのか，イメージしてみましょう。

事例1 ある日のオフィスで
~お茶くみを頼んだら……~

❖1 事例紹介

角丸商事　総務部

山田文雄さん
課長補佐　男性　28歳

榎本香苗さん
派遣社員　女性　25歳

> 山田さん　あっ　榎本さん。2時から会議だから，お茶12個用意してくれる？
> 榎本さん　あっ　あの。私の仕事じゃありません。
> 山田さん　えっ？　今急ぎの仕事を頼んでないよね？　急いでね。
> 榎本さん　………。

❖ 概　要

　山田さんと榎本さんは角丸商事，総務部で一緒に勤務している。

　ある日，突然の来客があり，山田さんが榎本さんにお茶を出してくれるように頼んだところ，「それは私の仕事ではない」と突然怒り出した。

　それ以降，自分と他の派遣社員との間もなぜかギクシャクしているような気がする。

　課内のコミュニケーションを円滑にさせることが必要だと痛感している。

事例1　ある日のオフィスで

山田文雄さんの事情

- 自分はこの部署に来て2年，榎本さんは3年目なので，自分にとってはこの課のことは榎本さんにいろいろ教えてもらったと感謝している。
- 当社に派遣される職員はみな優秀だが，榎本さんは，事務能力にとても優れていると考え，自分としてはかなり彼女を買っている。
- 榎本さんが声を荒げることはとてもめずらしく，何があったのか心配である。
- 今回のことが起こった数日後，自分の友人が所属するほかの部署で，派遣社員からは契約を今年度で打ち切りたいと話がでていると聞いた。榎本さんも打ち切ってしまうのかと，気がかりである。
- 来年には課長に昇進することを，部長から内々に連絡されている。
- 来年課長に昇進したら榎本さんを正社員にできないか，打診してみるつもりでいる。

榎本香苗さんの事情

- 山田さんは自分と年もそれほど違わないのに，仕事もしっかりしている。
- 自分は派遣として3年目になり，2年前に山田さんがこの課に来たときにはいろいろなことを教えたつもりである。
- 今年度，新しい部長が着任したが，派遣社員の名前も覚えてくれず，「派遣さん」と呼ばれることに派遣社員みんなが不満をもっている。
- 数日前，同じ派遣会社から派遣されている後輩（他の部署）から，いろいろと仕事を押し付けられて，精神的に参っていると相談を受けた。
- 派遣会社に相談したほうが良いなど，自分にできる限りのアドバイスはしたが，他の派遣社員の様子を見ても，同じような状況が感じられ，先輩として何とかしなくちゃ，と思っていた。
- 部長に急に頼まれたコピーがあり，手がいっぱいだった時，山田さんに「お茶用意して」と言われ，後輩からの相談のこともあり，つい感情的

になってしまった。
- その様子を他の派遣職員が見ていて「やっぱり，ハケンは下に見られるよね」などという話が広がってしまった。
- 自分としても，あの日に感情的になってしまったのを反省しているが，どうもそれ以降山田さんとうまくいっていないような気がする。

❖2　各ステージの展開

❖1で挙げた事例（P.163）をステージごとに見てみましょう。

（ただし，これはあくまでも一例です。メディエーションは参加するAさん，Bさん，そしてメディエーターによって，プロセスもそれぞれの気持ちも全く異なるため，どれ一つとして同じものはありません。）

ステージ1　片方の当事者（Aさん）との最初のコンタクト

主な任務・役割
- メディエーターの自己紹介。
- Aさんの状況の確認。
- Aさんの気持ち（状況から感じられる感情）を受け入れる。
- Aさんとの信頼関係を築く。
- メディエーションについて，そしてメディエーターの役割，守秘義務についての説明。
  （Aさんの許可無く，Aさんから聴いた話をBさんに伝えない。）
- メディエーションのプロセスを本当に希望しているのかを確認。
- 何を望んでいるのか，本当は大切だと思っていることは何なのかなど基本的考えの確認。
- 7つのプロセスの中で守秘義務をどのように進めていくかを確認。
- 次のプロセスでは何をするのかを決定。

事例1　ある日のオフィスで

山田文雄さんとの最初のコンタクト

　今回は山田さんが課内でのコミュニケーションを円滑にさせる必要性を感じメディエーションを申し込んできました。

メディエーターからの確認と説明

① 　山田さんの事情や気持ちの確認
　　　例：・榎本さんへの評価は高く，今後も期待したい。
　　　　　・榎本さんのその時の言動から，何かあったのではないかと心配している。
　　　　　・課内のコミュニケーションをもっと円滑にしたい。
② 　メディエーションについての説明とメディエーション選択への確認
　　　例：・社内などの場合，特に守秘義務，査定への影響などについて確認が必要になることがあります。
　　　　　・今後のプロセスを説明する。
　　　　　・メディエーションで解決したいのかどうかを確認する。
③ 　榎本さんへの連絡方法と榎本さんに話す内容を確認する。
　（守秘義務との関連も含め，山田さんの話をどこまで榎本さんにお伝えしてよいかを確認します。）

ステージ2　もう一方の当事者（Bさん）との最初のコンタクト

主な任務・役割

　ステージ1と全く同様に聴く姿勢としての質が求められ，Bさんの視点から状況が説明される機会を一緒に作っていきます。
　その他ステージ1に加わるものとして，
・Bさんの信頼を得る。
　（特に相手方の場合は，連絡してきたメディエーターがAさんの味方や代理であると考えられることが多くなります。相手方Bさんの信頼を得ることは今後のプロセスを進めていく上で，重要なポイン

トになります。)
- 公平性を築く。
（Ａさんの代理人でＡさんの主張を通すためにアクセスしているのではないことを，Ｂさんに理解していただくことが必要です。）
- 守秘義務を維持する。
（Ａさんから聴いた事情をＡさんの許可なくＢさんにそのままお話することはありません。Ｂさんのお話も同様にＢさんの許可なくＡさんに伝えることはありません。）

＊ステージ１のＡさんからお話を聴くのとは異なり，相手方から話を伺うためには，まずメディエーションやメディエーターへの信頼が構築されることが必要になります。

榎本香苗さんとの最初のコンタクト

① 榎本さんの気持ちや事情を確認する。
　　例：・山田さんへの信頼感
　　　　・他の部署の後輩との話
　　　　・山田さんからコピーを頼まれたときの背景
② メディエーションについてと，メディエーターの守秘義務の説明とメディエーション選択への確認をする。
　　例：メディエーターは榎本さんの主張を通すために，連絡しているのではないことを説明します。山田さんから聴いた事情を山田さんの許可なく榎本さんにそのままお話することはありません。榎本さんのお話も同様に榎本さんの許可なく山田さんに伝えることはないことを説明します。

事例1　ある日のオフィスで

> **ステージ3　AさんBさんがお互いの意見や気持ちの衝突に向き合う準備をする**
>
> **主な任務・役割**
> - メディエーションを続けるのに最善な方法を明確にする。
> - 両者が会って話し合うのか，そうでないのかを選択する。
> - 登場人物を確定する。
> - メディエーションに参加するという約束を明確にする。
> - メディエーターを手配（アレンジする担当者とメディエーターが異なる場合）する。
> - 話し合いの場所を確保する。

＊会社内などのケースの場合，会社の査定には関係していない点などをAさんBさん両者に確認し，伝えておくことも必要です。

＊家族・学校・会社など，それぞれの関係性が密な場合は，このステージで終わってしまうことも多くあります。その際，何かあったときにはどちらからでもいつでもメディエーションは再開できることを伝えておきましょう。

　山田さんと榎本さんの話し合いのアレンジをしていきます。そこでメディエーターが行う主なことは以下の3つです。

- 話し合いの日程，場所などのアレンジ
- メディエーションの方法の決定
- 協同メディエーターとの打ち合わせ

---

2 各ステージの展開

> **ステージ4　両者との話し合いの席でAさんBさんそれぞれの課題をお互いに聴く**
>
> ### 主な任務・役割
> - メディエーターからAさんBさん両者に，話し合いの席に来てくれたことに対し，歓迎の姿勢を表し，説明する。
> - 話し合いに必要な約束を参加者全員で決めていく。
> - これからの話し合いのプロセスを説明し，その方法でよいかどうかAさんBさん双方から了解を得る。
> - AさんBさん双方から中断しないで話を聴く時間を設ける。
> - 問題のきっかけなど，初期段階での対立を明確にする。
> - それぞれの話の要約を，メディエーターからAさんBさんそれぞれに伝える。
> - これからの流れや進行の仕方についてメディエーターからAさんBさんの了解を得る。

　ステージ1,2で，メディエーターはそれぞれのお話を聴いています。ステージ4では，まず，グランドルールを作成し，そこにいる参加者が守るべきルールを決めます。その後，メディエーターがそれぞれから聴いた話を要約し，話し合いの目的を確認していきます。そして，付け加えたい点，ステージ1,2から変化している状況や気持ちについて聴いていく中で，それぞれが本当に大切に思っていることを聴き，その中からメディエーターが話し合う課題を選択していくことになります。

　筆者はメディエーターの力量が問われるのはこのステージと考えています。それぞれが本当に大切にしていることを聴きながら，どの課題を設定するかによって，話し合いの進め方も違ってきますし，AさんBさんの印象も全く異なるものになってしまうからです。

　Aさん，Bさんが無理なく，そして話し合いやすい課題をいかに先にもってこられるのか，このステージではメディエーターの観察力が問われることになります。

　このステージでは，山田さんと榎本さんがそれぞれ本当に大切にしていることを話していただく場であり，自然の流れに任せていくことが必要で

事例1　ある日のオフィスで

す。

　メディエーターからのそれぞれの話の要約のうち，二人が，前のステージのままで大丈夫と了解していることのほか，もう少し明確にしておいた方がよいと思っている点を質問していきます。そして次のステージに入っていきます。

> **ステージ5　メディエーターとAさんBさん，参加者全員がそれぞれに課題について一緒に考えていく**
>
> ### 主な任務・役割
> - メディエーターが両者と一緒にそれぞれの話し合いたい課題を見つけていく。
> - AさんBさんがお互いにコミュニケーションがとれるように工夫や助けをしていく。
> - AさんBさんがお互いに理解していることを確認し，思い込んでいること，仮定してしまっていることなどを明確にしていく。
> - AさんBさんが話し合いたい論点についてそれぞれが心配していることを明確にしていく。
> - AさんBさんそれぞれの違いを認め合い，そこから動いていくことを助ける。
> - メディエーターは話し合うのに安全な環境を維持する。
> - メディエーターが話し合いの流れや進行の仕方を維持する，あるいはもう一度確認し必要があれば変えていく。
> - AさんBさんが過去から未来に焦点を変化させていくのをメディエーターが助ける。
> - この時点まででAさんBさんが同意していることと，同意していないことをメディエーターが要約する。

　主にAさんBさんが本当に大切にすることのうち，共通点を探っていきながら進行していく方法を主に取っていますが，お話を進める中では，まずは，強い想いを受け止め，それをお互いに理解し，そこから話し合いを進める場合もあります。

　柔軟に，AさんBさんにあわせて進行していくことは各ステージ共通ですが，特にこのステージ5ではメディエーターが今まで聴いた話の中から，

AさんBさん双方が話し合いたい課題の選択をしていく作業になります。その意味で，形骸化することなく，AさんBさんに合わせて進行していくことが必要になります。

　　山田さんと榎本さんの事情を見てみましょう。
　例えば，社内の現在と，その時の状況。それぞれ何か出来事が起こったと感じている時の状況，その時々の山田さん榎本さんの気持ちなどです。その中からそれぞれが本当に大切にしていることを一緒に考える環境を整えていきます。
　例えば，
山田さん
- 榎本さんのことは尊敬していて，今でも感謝している。
- 榎本さんの能力を認めていて，買っている。
- 課内，社内の雰囲気をより良い方向にしたいと思っている。

榎本さん
- 山田さんのことを認めている。
- 部長に不満を持っている。
- 山田さんとの社内での雰囲気を何とかしたい。

　山田さんと榎本さんのそれぞれの事情や気持ちを聴いていくことになります。話し合いを進める中で，当初は考えていない心配事も出てくることもあります。例えば後輩から相談を受けたことなどは，直接は話しにくいかもしれません。その時，メディエーターは榎本さんが話しにくい事情などをどのようにしたら話しやすい環境にすることができるかも含めて話し合います。例えばこの段階で榎本さんが自分がこういった場を設けることで，派遣を打ち切られるのではないかというようなことを心配している場合，派遣契約とこの話し合いの影響（例：話し合い自体は派遣契約には影響はないことなど）を確認し，話し合いを進めていきます。また直接的には話づらい点は，どうやったら話し合えるのか（別席でお話を伺うのかなど）を一

事例1　ある日のオフィスで

緒に考えていくことになります。
　二人が安心して話し合える場が再確認された時点で，メディエーターが二人の本当に大切にしていることの中から，話し合いたい課題について話し合いを進めていきます。山田さんと榎本さんの場合，①お互いに認め合っているということ②課内，社内の状況をよりよくしたい，雰囲気をよくしたいと思っていることなどは共通しています。
　メディエーターは，まず二人が共通に考えていることなどから課題に挙げていき，そのために二人がどうしたいのかということなどを聴いていきます。一気にお茶を頼んだこと，そして二人の関係が悪くなったと感じている事柄や出来事に焦点を当てないことも重要な点になることもあります（その時々の状況や，その場の山田さん，榎本さんの気持ちによってかなり柔軟に対応していくことが必要です。）。
　二人の共通した話し合いたい課題を進めるうちに，今回のきっかけになった「お茶をいれて」と言われた時の状況や気持ちについて話が進むかもしれません。その時にはそれぞれの気持ちを確認し，どうしてそのような状況になったのかについて話し合っていくことになります。
　この時点で二人からは，本当に大切に思っていることについてお互いの話が出てきますので，過去起こった出来事から将来に向かっての焦点が移り，今後について合意を作っていくことになります。メディエーターはこの時点で山田さん，榎本さんが同意していることと同意していないことを確認していくことが必要です。
　この時点まででAさんBさんが同意していることと，同意していないことをメディエーターが要約します。

172

2 各ステージの展開

ステージ6　合意を一緒に創っていく

主な任務・役割
- ＡさんＢさん，メディエーターとともに選択肢を一緒に創り出し，それぞれの申し出を明確に分かりやすくする。
- 選択肢が実現可能かどうかなど，参加者全員で確認する。
- 目の前の問題の解決をどうするのかを，ＡさんＢさんとで一緒に考える。
- メディエーターはそれぞれから発せられる和解的なジェスチャーなどをしっかり観察し，気を配る。
- メディエーターは対話を落ち着かせ，合意を創り上げていく。
- メディエーターは合意の確認を行い，記録する。
- 参加者全員で何かあった時，その合意が守られなかった時などのアレンジを確認する。
- 参加者全員でもし合意ができなかった時には，次にどうするのかを明確にする。

　ＡさんＢさん双方が，それぞれ今後していく行動を中心として選択肢を一緒に考えていきます。その際，行動はできるだけ具体的に，そして時間や場所なども明確にしていきます。

　場合によっては，どのように実行するのかなどを尋ねながら，選択肢の実効性を確認していくことも必要です。

　その場で話し合わなかったことが，将来起こったときにどうするのかなど，将来についても合意の中には入れておく必要があります。

山田さんと榎本さんの場合

例えば
- 今後，山田さんから榎本さんに用事をお願いするときには，状況をよく確認する。
- 派遣社員のことは名前で呼ぶようにする。
- 今後何かあったときにはいつでも話し合いを再開することができ

> る。
> などです。

ステージ7　終了とフォローアップ

主な任務・役割
- 話し合いのセッションを終了する。
- 必要に応じて，フォローアップを行う。
- メディエーターが抱いている感情的な疲労感などを解消する。

話し合いで二人が合意したことを確認し，話し合いの場を終了します。

帰りの二人の様子を見ながら，次にメディエーターが取るべきフォローについて，協同メディエーターと話し合います。

またメディエーターとして今回の一連の流れを振り返ることによって，今後のスーパービジョンの方法などについて決定していきます。

事例 2　ある病院の院長室で

❖ 1　事例紹介

＊下記事例は，司法書士，企業再建・承継コンサルタント協同組合（CRC）常務理事　河合保弘氏からご提供いただきました。

医療法人　ゆめクリニック　関係者

橋本邦夫さん
理事長（院長）　48歳

本宮恵理子さん
理事　41歳

本宮幸子さん
理事　70歳

本宮健一さん
監事　73歳

※医療法人社員は上記の4名

> **邦夫さん**　そろそろこの病院も建て直したほうが良いんじゃないかな。隆（子ども）に病院を継がせるときに，ある程度の設備を整えてやりたいし。
>
> **恵理子さん**　もう私に言わないで。だったら理事会や総会を開きましょうよ。
>
> **邦夫さん**　いつも君の家族は僕に反対ばかりで，受付の改装や駐車場の拡大にも口ばかり出して，自由にさせてくれないじゃないか。僕の自由にして何が悪い。病院のことなんて知らないくせに。
>
> **恵理子さん**　何よ。お金は十分に出しているでしょ。あなたは院長で理事長。これ以上，何の不満があるっていうの？
>
> **邦夫さん**　君たちはいつもそればかり言う。僕は理事長兼院長なんだ，病院のことぐらい自由にさせてくれ。

175

事例2　ある病院の院長室で

❖ 概　要

　資産家の本宮家は，クリニック経営に憧れ，長女恵理子さんを医師である橋本邦夫さんに嫁がせ，10年前に資金一切を提供して，邦夫さんを理事長兼院長とする医療法人ゆめクリニックを設立し，恵理子さんは事務長理事として一緒に運営していた。
　しかし，恵理子さんは両親，とくに父親に勧められて結婚はしたものの，結婚当初から邦夫さんへの愛情はなく，2人の子（娘と息子）をもうけた後も夫婦仲は冷えており，2年前に協議離婚するが，医療法人の持分や経営権については何も決めなかった。
　その後，邦夫さんは恵理子さんをクリニックの運営から排除し，多数を占める本宮家側の社員によって自分が理事長を解任されることを怖れて，社員総会や理事会を一切開催しないまま1年以上が経過，恵理子さんは弁護士を立てて邦夫さん側の弁護士と折衝したり民事訴訟を提起したりするが，結局ラチがあかず，理事長が実質的に居座っている状態になる。
　監督官庁も「官庁としては地域医療の存続だけが課題なので，夫婦の喧嘩は内部処理してくれ。」と，あまり真剣に取り合ってくれない。
　法的な強硬措置を取れば理事長を排除することは不可能ではないが，医療法では理事長は医師でなくてはならないので，そうするためには恵理子さん側で代替の医師を準備しなければならないし，地域医療がストップするようなことになれば，監督官庁からの厳しい指導を受ける可能性もあって，恵理子さん側もなかなか手を出せない状況となっている。
　一方で邦夫さん側も，社員総会や理事会の不開催という違法状態が2年近く続いて，そろそろ監督官庁からの指導がありそうなことを不安に感じているらしいが，現状では居座るしか手がないようだ。

1 事例紹介

本宮恵理子さんの事情

- 自分は親の敷くレールに従って人生を送ってきた。
- 大学時代から付き合っていた彼と結婚を約束していたが、親に大反対され、結婚できなかった。
- 彼からは駆け落ちをしようとまで言われたが、自分にはそこまでできなかったことをとても後悔していた。
- 自暴自棄になっていた時期に、親から結婚を勧められた。どうでもよいという気持ちで橋本と結婚した。
- 地元の名士である親が地元でクリニックを経営したいことは、自分が小さいころから言われていたことであり、親孝行をするつもりであった。
- 橋本と愛情がないまま結婚したことについては、彼にも申し訳ないことをしたという思いと罪悪感は結婚当初からあったが、やはり元彼のことが忘れられず、橋本には愛情が持てなかった。
- 両親にとって孫たちができたことで、親孝行は果たせたと思う気持ちから、橋本とはそこで夫婦関係を解消したかったが、子どもたちが大きくなるまでは同居という形をとって子供たちを守るつもりだった。
- 橋本は医師としてのプライドや上昇志向が高く、理事長を辞めたくないことは知っている。
- 世間体や子どもたちへの配慮から、他の理事長（医師）を探してきて、橋本を強制排除することもできずにいた。
- 自分は夫への愛情はないが、子どもたちにとっては父親であることは自覚している。子どもたちには肩身の狭い思いをさせたくない。
- 両親がつくってくれたクリニックは、地元でも評判が高く、このクリニックを潰すことはしたくない。
- できれば息子に継がせたいと思っている。

事例2　ある病院の院長室で

▎橋本邦夫さんの事情

- 自分は幼いころ両親が離婚し，苦労して医大を出て，恩師の縁でこの結婚を勧められた。
- 恵理子を一目見たときから，好きになってしまい，自分は恵理子を一生幸せにするつもりで結婚した。
- 結婚後，彼女が駆け落ちをしたいくらい好きだった男性がいて，それを忘れるために自分と結婚したということを友人から聞き，大きなショックを受けた。
- 子どもが二人生まれたことで，夫婦仲はうまくいくと期待していたが，子どもが二人生まれた頃から，寝室は別室になり，恵理子とは余計にうまくいかなくなってしまった。
- 恵理子の両親は恵理子の主張しか聞かず，自分の話を一切聞いてくれなかった。
- 恵理子の両親は何かというと「金を出しているのは私だ」とクリニックの経理のことまで口を出してきた。
- 自分が恵理子を愛し切れなかったという罪悪感と自分がこのクリニックから追い出されてしまったら自分は駄目になってしまうという思いから，総会や理事会を開催しないでいた。
- 自分は医師という職業はやめたくない。
- 子どもたちには自分たちの離婚ということで，自分と同じような苦しい思いはさせたくない。
- 子どもたちにとっての父親は自分だけなのだから，自分の目の届くところで育って欲しいし，父親としてできるだけのことはしてやりたい。

❖2　各ステージの展開

❖1で挙げた事例（P.175）をステージごとに見てみましょう。
（ただし，これはあくまでも一例です。メディエーションは参加するＡ

さん，Bさん，そしてメディエーターによって，プロセスもそれぞれの気持ちも全く異なるため，どれ一つとして同じものはありません。）

ステージ1　片方の当事者（Aさん）との最初のコンタクト

主な任務・役割
- メディエーターの自己紹介。
- Aさんの状況の確認。
- Aさんの気持ち（状況から感じられる感情）を受け入れる。
- Aさんとの信頼関係を築く。
- メディエーションについて，そしてメディエーターの役割，守秘義務についての説明。
（Aさんの許可無く，Aさんから聴いた話をBさんに伝えない。）
- メディエーションのプロセスを本当に希望しているのかを確認。
- 何を望んでいるのか，本当は大切だと思っていることは何なのかなど基本的考えの確認。
- 7つのプロセスの中で守秘義務をどのように進めていくかを確認。
- 次のプロセスでは何をするのかを決定。

本宮恵理子さんとの最初のコンタクト

メディエーターからの確認と説明
① 本宮さんの事情や気持ちの確認
　　例：・夫への愛情は結婚当初からなかった，そしてそのことは夫に申し訳ないと思っている。
　　　　・世間体や子どもたちのためにも橋本を排除できずにいた。
　　　　・子どもたちにとっての父親の存在は理解している。
　　　　・病院の将来のことを，何とかしたいと思っている。
　　　　・暴力が振るわれていないかどうかの確認をする。
② メディエーションについての説明とメディエーション選択への確認

事例2 ある病院の院長室で

> - メディエーションに誰が参加する必要があるのか（両親，子ども），誰と話し合いたいのかを確認する。
> - 今後のプロセスを説明する。
> - メディエーション解決したいのかどうかを確認する。
> ③　橋本さんへの連絡方法と橋本さんに話す内容の確認
> 　（守秘義務との関連も含め，本宮さんの話しをどこまで橋本さんにお伝えしてよいかを確認します）

ステージ2　もう一方の当事者（Bさん）との最初のコンタクト

主な任務・役割

　ステージ1と全く同様に聴く姿勢としての質が求められ，Bさんの視点から状況が説明される機会を一緒に作っていきます。

　その他ステージ1に加わるものとして

- Bさんの信頼を得る。
 （特に相手方の場合は，連絡してきたメディエーターがAさんの味方や代理人であると考えられることが多くなります。相手方Bさんの信頼を得ることは今後のプロセスを進めていく上で，重要なポイントになります。）
- 公平性を築く。
 （Aさんの代理でAさんの主張を通すためにアクセスしているのではないことを，Bさんに理解していただくことが必要です。）
- 守秘義務を維持する。
 （Aさんから聴いた事情をAさんの許可なくBさんにそのままお話することはありません。Bさんのお話も同様にBさんの許可なくAさんに伝えることはありません。）

＊ステージ1のAさんからお話を聴くのとは異なり，相手方から話を伺うためには，まずメディエーションやメディエーターへの信頼が構築されることが必要になります。

橋本邦夫さんとの最初のコンタクト

① 橋本さんの気持ちや事情を確認する。
　　例：本宮恵理子さんへの気持ち（今の気持ちも含め，出会ったときから）と事情
② 子どもへの気持ちを確認する。
③ 病院の今後について考えていることを明確にする。
　　ただし，ステージ１の本宮さんからお話を聴くのとは異なり，橋本さんから話しを伺うためには，まずメディエーションやメディエーターへの信頼が構築されることが必要になります。
④ メディエーションについてと，メディエーターの守秘義務の説明とメディエーション選択への確認をする。

ステージ3　AさんBさんがお互いの意見や気持ちの衝突に向き合う準備をする

主な任務・役割
- メディエーションを続けるのに最善な方法を明確にする。
- 両者が会って話し合うのか，そうでないのかを選択する。
- 登場人物を確定する。
- メディエーションに参加するという約束を明確にする。
- メディエーターを手配（アレンジする担当者とメディエーターが異なる場合）する。
- 話し合いの場所を確保する。

＊会社内などのケースの場合，会社の査定には関係していない点などをAさんBさん両者に確認し，伝えておくことも必要です。
＊家族・学校・会社など，それぞれの関係性が密な場合は，このステージで終わってしまうことも多くあります。その際，何かあったときにはどちらからでもいつでもメディエーションは再開できることを伝えておきましょう。

事例2　ある病院の院長室で

　本宮さんと橋本さんの話し合いのアレンジをしていきます。そこでメディエーターが行う主なことは以下の3つです。

- 話し合いの日程，場所などのアレンジ
- メディエーションの方法の決定
- 協同メディエーターとの打ち合わせ

ステージ4　両者との話し合いの席でAさんBさんそれぞれの課題をお互いに聴く
主な任務・役割
- メディエーターからAさんBさん両者に，話し合いの席に来てくれたことに対し，歓迎の姿勢を表し，説明する。
- 話し合いに必要な約束を参加者全員で決めていく。
- これからの話し合いのプロセスを説明し，その方法でよいかどうかAさんBさん双方から了解を得る。
- AさんBさん双方から中断しないで話を聴く時間を設ける。
- 問題のきっかけなど，初期段階での対立を明確にする。
- それぞれの話の要約を，メディエーターからAさんBさんそれぞれに伝える。
- これからの流れや進行の仕方についてメディエーターからAさんBさんの了解を得る。

　ステージ1，2で，メディエーターはそれぞれのお話を聴いています。ステージ4では，まず，グランドルールを作成し，そこにいる参加者が守るべきルールを決めます。その後，メディエーターがそれぞれから聴いた話を要約し，話し合いの目的を確認していきます。そして，付け加えたい点，ステージ1，2から変化している状況や気持ちについて聴いていく中で，それぞれが本当に大切に思っていることを聴き，その中からメディエーターが話し合う課題を選択していくことになります。
　筆者はメディエーターの力量が問われるのはこのステージと考えていま

す。それぞれが本当に大切にしていることを聴きながら，どの課題を設定するかによって，話し合いの進め方も違ってきますし，AさんBさんの印象も全く異なるものになってしまうからです。

　Aさん，Bさんが無理なく，そして話し合いやすい課題をいかに先にもってこられるのか，このステージではメディエーターの観察力が問われることになります。

　このステージでは，本宮さんと橋本さんがそれぞれ本当に大切にしていることを話していただく場であり，自然の流れに任せていくことが必要です。

　メディエーターからのそれぞれの話の要約のうち，二人が，前のステージのままで大丈夫と了解していることのほか，もう少し明確にしておいた方がよいと思っている点を質問していきます。そして次のステージに入っていきます。

ステージ5　メディエーターとAさんBさん，参加者全員がそれぞれに課題について一緒に考えていく

主な任務・役割

- メディエーターが両者と一緒にそれぞれの話し合いたい課題を見つけていく。
- AさんBさんがお互いにコミュニケーションがとれるように工夫や助けをしていく。
- AさんBさんがお互いに理解していることを確認し，思い込んでいること，仮定してしまっていることなどを明確にしていく。
- AさんBさんが話し合いたい論点についてそれぞれが心配していることを明確にしていく。
- AさんBさんそれぞれの違いを認め合い，そこから動いていくことを助ける。
- メディエーターは話し合うのに安全な環境を維持する。
- メディエーターが話し合いの流れや進行の仕方を維持する，あるいはもう一度確認し必要があれば変えていく。
- AさんBさんが過去から未来に焦点を変化させていくのをメディ

事例2 ある病院の院長室で

> エーターが助ける。
> ・この時点まででAさんBさんが同意していることと，同意していないことをメディエーターが要約する。

　主にAさんBさんが本当に大切にすることのうち，共通点を探っていきながら進行していく方法を主に取っていますが，お話を進める中では，まずは，強い想いを受け止め，それをお互いに理解し，そこから話し合いを進める場合もあります。

　柔軟に，AさんBさんにあわせて進行していくことは各ステージ共通ですが，特にこのステージ5ではメディエーターが今まで聴いた話の中から，AさんBさん双方が話し合いたい課題の選択をしていく作業になります。その意味で，形骸化することなく，AさんBさんにあわせて進行していくことが必要になります。

> 　本宮さんと橋本さんの本当は大切だと思っていることとその気持ちの背景を考えてみましょう。
> **本宮さん**
> ・子どもたちと父親である橋本さんの関係を気にしている。
> ・息子に継がせたい。
> ・病院を存続させたい。
>
> **橋本さん**
> ・子どもたちに自分と同じような経験をさせたくない。
> ・父親としてできるだけのことはしたい。
> ・医師は続けたい。
>
> 　例えば上記のような本宮さんと橋本さんのそれぞれの事情や気持ちを聴いていくことになります。
> 　二人の場合，お互いの結婚への気持ちはすれ違っていますので，ここでこの課題を取り上げても，建設的な話はできないかもしれません。

まずは，例えば「子どもについて」に話していくと，お互いの思いは共通しているところがありますので，これからお互いにどうしたいかという点が話しやすくなってきます。
　そしてその後，病院のこと，自分たちのことなど，話し合いたい課題として，本宮さん橋本さん自身が取り上げやすい課題を選んでいくように，メディエーターが助けていきます。

ステージ6　合意を一緒に創っていく

主な任務・役割
- AさんBさん，メディエーターとともに選択肢を一緒に創り出し，それぞれの申し出を明確に分かりやすくする。
- 選択肢が実現可能かどうかなど，参加者全員で確認する。
- 目の前の問題の解決をどうするのかを，AさんBさんとで一緒に考える。
- メディエーターはそれぞれから発せられる和解的なジェスチャーなどをしっかり観察し，気を配る。
- メディエーターは対話を落ち着かせ，合意を創り上げていく。
- メディエーターは合意の確認を行い，記録する。
- 参加者全員で何かあった時，その合意が守られなかった時などのアレンジを確認する。
- 参加者全員でもし合意ができなかった時には，次にどうするのかを明確にする。

　AさんBさん双方が，それぞれ今後していく行動を中心として選択肢を一緒に考えていきます。その際，行動はできるだけ具体的に，そして時間や場所なども明確にしていきます。
　場合によっては，どのように実行するのかなどを尋ねながら，選択肢の実効性を確認していくことも必要です。
　その場で話し合わなかったことが，将来起こったときにどうするのかなど，将来についても合意の中には入れておく必要があります。

本宮さんと橋本さんの場合

- 自分の子どもが病院を継ぐまでの間の病院経営について家族も含めてもう一度話し合う場を設ける。
- 本宮さんも橋本さんも子どもを大切に思っていることを、子どもに伝える機会を作る。
- 本宮さんと両親の話し合いの場を別途設ける。
- 総会や理事会を開催する（可能であれば次回理事会の日程をある程度具体化したり、理事会開催の段取りを具体化する。）。
- 今後話し合いが必要な際にどうしたらよいのか具体的に明確化する。

ステージ7　終了とフォローアップ

主な任務・役割
- 話し合いのセッションを終了する。
- 必要に応じて、フォローアップを行う。
- メディエーターが抱いている感情的な疲労感などを解消する。

話し合いで二人が合意したことを確認し、話し合いの場を終了します。

帰りの二人の様子を見ながら、次にメディエーターが取るべきフォローについて、協同メディエーターと話し合います。

またメディエーターとして今回の一連の流れを振り返ることによって、今後のスーパービジョンの方法などについて決定していきます。

事例 3　ある日の打合せ中

❖1　事例紹介

＊下記事例は，司法書士，企業再建・承継コンサルタント協同組合(CRC)常務理事　河合保弘氏からご提供いただきました。

株式会社　片岡庵本舗　関係者

片岡　達夫さん
代表取締役社長　41歳

片岡　重雄さん
代表取締役会長　65歳

片岡　継夫さん
専務取締役　39歳

片岡　雅史さん
常務取締役　37歳

片岡　信夫さん
取締役営業部長　35歳

片岡しのぶさん
監査役　63歳

> **達夫さん**　明日から，「季節の果物シリーズ　トロピカル」っていうネット商品を販売するから，問い合わせが入ったら僕に回してよ。
>
> **重雄さん**　明日？　そんなの聞いてないぞ。今度の新商品はどこから材料を仕入れてるんだ？
>
> **達夫さん**　今回は，僕が営業で新規開拓したコトブキ商会さんから仕入れたよ。あそこは原価を安く抑えてくれるし，ネット販売の事情も分かってくれるんで楽なんだよ。
>
> **重雄さん**　今まで果物は相山卸商会と取引してたじゃないか。あそこは先代からうちに良くしてくださって。あそこにはちゃんと断ったのか？
>
> **達夫さん**　してないけど……それは，親父の付き合いじゃないか。今回は僕が企画した新商品なんだから関係ないだろ。口出さないでくれよ。

事例3　ある日の打合せ中

重雄さん	だからお前はダメなんだ‼　もうちょっと付き合いってものを考えないと，取り返しのつかないことになるぞ‼
信夫さん	兄貴待てよ。雅史兄さんがこの辺の農家回って，仕入先の開拓をしているって言ったじゃないか。これからは地産地消の時代だから，地域の特色を生かしていこうって。兄貴も賛成したじゃないか。今回は夏らしいものっていうから，雅史兄さん苦労して探しているのに……。
達夫さん	商品の企画からずいぶん時間が経っているじゃないか。商売なんだからスピードが大事なんだぞ。その後，お前たちから何の話もなかったじゃないか。
信夫さん	一言あってもいいだろう。相談もせず一人で決めて，兄さんは勝手だよ。しかも明日って，俺たちを何だと思ってるんだよ。

❖ 概　要

　株式会社片岡庵本舗はある地方都市の伝統的な和菓子製作・販売をしている会社で，現社長の達夫さんは三代目，昨年に二代目の重雄さんから社長職を引き継いだ。

　もともとは，伝統和菓子のみを販売していたが，現在は地元の果物や野菜を利用した洋菓子とのコラボレーションも売れ筋になり，雑誌などでも取り上げられ，最近はインターネットの「お取り寄せランキング」などにも登場するなど名前も知られるようになってきた。

　会長となった父の重雄さんが，会社の代表権をなかなか手離さず，達夫さんへの権限委譲や株の譲渡をしないので，従業員や取引先等も命令系統が二重になって戸惑っており，達夫さんはそんな父を「会社経営から除外して欲しい」と依頼してきた。

　また重雄さんは，税金対策で子どもたちに株式を分散しており，達夫さんの弟3人ともが片岡庵本舗で働いているので，長男の達夫さんとしては

「自分と将来的に息子に継がせたら二人で株式を独占したい。そのための方法を教えてくれ」とも依頼した。

法的には持株比率が非常に微妙なので，誰かと誰かが組まないと過半数とか3分の2以上にはならず，弁護士や司法書士，税理士といった法律専門家には「難しい」「無理だ」と断られた。

達夫さんとしては，自分がこの会社を一人で広げてきたという自負があるものの，会社がこのまま分裂してしまってはどうしようもないとも思っている。そこで，親子兄弟が目先の財産権や経営権で不毛な争いをするのではなく，「会社の存続発展」という一つの目標を定めることによって話し合いたいと思い，法的な専門家とメディエーターを交えたメディエーションを申し込んだ。

長男　片岡達夫さんの事情

- 自分は何をやっても，「三代目，三代目」とずっと言われ続けてきた。
- 生まれたときから，自分がこの店を継ぐことは決まっていて，自分では他の道を選択することすら父からは許されていなかったと思う。そのプレッシャーは弟たちには分からないと思う。
- 大学卒業後，社会経験のために，大手菓子メーカーに勤務したが，そこでもずっとこの店を継ぐことを考えてきた。
- だからこそ，洋菓子への展開も自分で計画を練り上げてできたのである。
- その点，弟たちは自分たちで好きな道を選択できたはずなのに，楽な道を選ぶように自分の店に入ってきて，好き勝手なことを言うばかりだ。
- 父親はすでに引退しているにもかかわらず，古くからの従業員や得意先には，いまだに口を出す。

事例3　ある日の打合せ中

- 自分なりに，家のことを考えているのに，父親はいまだに自分を従業員のように扱っているのではないかと，憤ってしまうことがある。
- 父親にあれこれ言われると自分もつい反抗してしまう。
- 父親のこれからの人生は，母親ともう少し楽しみをもって暮らして欲しい。
- これからの人生は苦労もかけてきた母親と旅行に行ったりしながら楽しんで欲しい。
- 将来は自分の子ども（男の子）にこの店を継がせたいと思っている。

父　片岡重雄さんの事情

- 自分は父親から受け継いだ店を拡大し，家族のためにずっと頑張って働いてきた。
- とくに戦後の苦労は人一倍だった。
- しかし現在，和菓子業界は厳しく，長男にはその厳しい中無理に継がせなくても良いと思っていた。
- 長男が自分の後を継ぎたいと言ってくれた時の嬉しさは，いまでも忘れられない。
- だからこそ，自分の持っている知識も含め，すべてを息子たちに伝えたいと思っている。
- 最近のやり方を導入したいという長男の気持ちも分かってはいるが，今までのやり方の良いところは引き継いでいって欲しい。それが事業を継ぐということだ。特に，昔からの仕入れ先など，作るものが違ってきたからといって，急に縁を切るのでなく，これからも大切にして欲しい。
- 自分が弟たちに甘いのは父親としても分かっている。長男を厳しく育ててしまったことへの後悔もあり，弟たちには自由にさせてしまった。長男ばかりに自分の生活を強いてしまったのではないかと罪悪感がある。
- 最近長男の顔色が悪い。店舗販売と違い，ネット販売は24時間365日だ。ネット販売が忙しく寝ていないのではないのかと思う。長男の健康のこ

とも心配だ。
- 孫へのしつけの姿を見ていると，以前の自分のようで心が痛む。
- 精神的に不安定な今の息子に財布を預けるのは不安で，心配だ。
- 長男はもう大人なんだから任せておけばよいと思いつつも，親子喧嘩をすると，つい自分が感情的になってしまう。

弟　片岡信夫（四男）さんの事情

- 弟三人を代表して自分が何かと長男と言い争ってしまう。
- 自分が大学でIT系を学んだことで，インターネット販売などの展開の手伝いをしたからこそ，今の繁盛につながっている。
- 長男はひとりで頑張っていると思っているかもしれないが，他の兄たちも同様だ。次男は洋菓子店で修行したり，三男は農家に足しげく通い材料の調達に東奔西走している姿を，兄は知らないのだ。
- 小さいころから，「お兄ちゃんは特別だ」「お兄ちゃんは店を継ぐんだから」と家族の愛情を一身に集め，甘やかされてきたじゃないか。
- 長男は家を建てる必要もなく，店の裏にある自宅に住んでいる。住宅ローンの心配もない。
- 自分はまだ独身だが，将来結婚したら家は持ちたい。しかし，今のままでは不安だ。次男・三男もそれぞれに家庭の事情があり，お金が必要な年代になってきた。
- 長男が頑張ってきた姿や，悩んできた姿は見てきて，自分たちなりに理解しているつもりだ。だからこそ，これからは長男を支えて，この店をより大きくしていきたい。
- 親子喧嘩や兄弟喧嘩をしている様子を母親が見ていて，嘆いている。
- そんな母親の姿をこれ以上見たくない。

事例3　ある日の打合せ中

> 母　片岡しのぶさんの事情

- 夫とともに，戦後材料がそろわなかったときからずっとこの店を支えてきた。
- 姑が厳しい人だったので，長男には後を継がせるために幼いころから，厳しくしてしまったかもしれない。
- その分，弟たちは甘やかしてしまったと思うところも自分にはある。
- これからも兄弟仲良くやっていって，この店を盛り立てていって欲しい。
- 自分の持ち株の分は，本当は兄弟に平等に分けてやりたい。
- でも，今の状態が続くなかで，それはなかなか言い出せない。

❖2　各ステージの展開

❖1で挙げた事例（P.187）をステージごとに見てみましょう。

（ただし，これはあくまでも一例です。メディエーションは参加するAさん，Bさん，そしてメディエーターによって，プロセスもそれぞれの気持ちも全く異なるため，どれ一つとして同じものはありません。）

> ステージ1　片方の当事者（Aさん）との最初のコンタクト

主な任務・役割
- メディエーターの自己紹介。
- Aさんの状況の確認。
- Aさんの気持ち（状況から感じられる感情）を受け入れる。
- Aさんとの信頼関係を築く。
- メディエーションについて，そしてメディエーターの役割，守秘義務についての説明。
  （Aさんの許可無く，Aさんから聴いた話をBさんに伝えない。）
- メディエーションのプロセスを本当に希望しているのかを確認。
- 何を望んでいるのか，本当は大切だと思っていることは何なのかな

ど基本的考えの確認。
- 7つのプロセスの中で守秘義務をどのように進めていくかを確認。
- 次のプロセスでは何をするのかを決定。

片岡達夫さんとの最初のコンタクト

メディエーターからの確認と説明
① 片岡達夫さんの事情や気持ちの確認
- 達夫さん自身が今までの事情と今までの気持ち，今の事情と今の気持ちを，明確に理解できるようにお話を聴く。

例：
- 自分が今までおかれてきた状況や気持ちを家族に理解して欲しい。
- 両親にはゆっくりして欲しい。
- 自分の子どもへの希望など。

② 家族に自分自身からどこまで話しているのか，メディエーターを通してどこまで他の家族に話すのかを確認する。
③ 誰と話し合いをしたいのか，希望する話し合いの相手を明確にする。

例：まずは，父と話しをしたい。その後兄弟も含めて話しをしたい。

ステージ2　もう一方の当事者（Bさん）との最初のコンタクト

主な任務・役割

　ステージ1と全く同様に聴く姿勢としての質が求められ，Bさんの視点から状況が説明される機会を一緒に作っていきます。
　その他ステージ1に加わるものとして
- Bさんの信頼を得る。
（特に相手方の場合は，連絡してきたメディエーターがAさんの味

事例3　ある日の打合せ中

> 方や代理人であると考えられることが多くなります。相手方Bさんの信頼を得ることは今後のプロセスを進めていく上で，重要なポイントになります。）
> - 公平性を築く。
> （Aさんの代理人でAさんの主張を通すためにアクセスしているのではないことを，Bさんに理解していただくことが必要です。）
> - 守秘義務を維持する。
> （Aさんから聴いた事情をAさんの許可なくBさんにそのままお話することはありません。Bさんのお話も同様にBさんの許可なくAさんに伝えることはありません。）

＊ステージ1のAさんからお話を聴くのとは異なり，相手方から話を伺うためには，まずメディエーションやメディエーターへの信頼が構築されることが必要になります。

片岡重雄さんとの最初のコンタクト

① 片岡重雄さんの今までの事情と気持ち，今の事情と今の気持ちを確認する。
　　例：・自分は息子のことを大切に思っている
　　　　・長男に厳しくしすぎてしまってきたことへの今の気持ち
　　　　・孫への気持ち
　　　　・息子の身体のことが心配
② 長男と家族に自分自身からどこまで話しているのか，メディエーターを通してどこまで他の家族に話すのかを確認する。
③ 誰と話し合いをしたいのか，希望する話し合いの相手を明確にする。
　　例：まずは　長男と話をしたい。その後妻，他の息子たちも含めて話をしたい

＊事例3の場合，片岡達夫さん，片岡重雄さんから他の人（母親，兄弟）などとも最初から話し合いたいという希望が出た場合，それぞれの人と

話合いの参加者と話し合う方法を調整し明確にすることが必要です。

　話合いに参加しない人にとってはどうして自分は参加できないかという不満が残ってしまうことがないように，その理由を明確にし，それぞれが納得しながら話し合いの場が創られていくことが大切になります。

> **ステージ3　AさんBさんがお互いの意見や気持ちの衝突に向き合う準備をする**
> ### 主な任務・役割
> - メディエーションを続けるのに最善な方法を明確にする。
> - 両者が会って話し合うのか，そうでないのかを選択する。
> - 登場人物を確定する。
> - メディエーションに参加するという約束を明確にする。
> - メディエーターを手配（アレンジする担当者とメディエーターが異なる場合）する。
> - 話し合いの場所を確保する。

＊会社内などのケースの場合，会社の査定には関係していない点などをAさんBさん両者に確認し，伝えておくことも必要です。

＊家族・学校・会社など，それぞれの関係性が密な場合は，このステージで終わってしまうことも多くあります。その際，何かあったときにはどちらからでもいつでもメディエーションは再開できることを伝えておきましょう。

　片岡達夫さん，片岡重雄さんの話し合いのアレンジをしていきます。そこでメディエーターが行う主なことは以下の3つです。

> - 話し合いの日程，場所などのアレンジ
> - メディエーションの方法の決定
> - 協同メディエーターとの打ち合わせ

事例3　ある日の打合せ中

> **ステージ4　両者との話し合いの席でAさんBさんそれぞれの課題をお互いに聴く**
> **主な任務・役割**
> - メディエーターからAさんBさん両者に，話し合いの席に来てくれたことに対し，歓迎の姿勢を表し，説明する。
> - 話し合いに必要な約束を参加者全員で決めていく。
> - これからの話し合いのプロセスを説明し，その方法でよいかどうかAさんBさん双方から了解を得る。
> - AさんBさん双方から中断しないで話を聴く時間を設ける。
> - 問題のきっかけなど，初期段階での対立を明確にする。
> - それぞれの話の要約を，メディエーターからAさんBさんそれぞれに伝える。
> - これからの流れや進行の仕方についてメディエーターからAさんBさんの了解を得る。

　ステージ1,2で，メディエーターはそれぞれのお話を聴いています。ステージ4では，まず，グランドルールを作成し，そこにいる参加者が守るべきルールを決めます。その後，メディエーターがそれぞれから聴いた話を要約し，話し合いの目的を確認していきます。そして，付け加えたい点，ステージ1,2から変化している状況や気持ちについて聴いていく中で，それぞれが本当に大切に思っていることを聴き，その中からメディエーターが話し合う課題を選択していくことになります。

　筆者はメディエーターの力量が問われるのはこのステージと考えています。それぞれが本当に大切にしていることを聴きながら，どの課題を設定するかによって，話し合いの進め方も違ってきますし，AさんBさんの印象も全く異なるものになってしまうからです。

　Aさん，Bさんが無理なく，そして話し合いやすい課題をいかに先にもってこられるのか，このステージではメディエーターの観察力が問われることになります。

　このステージでは，片岡達夫さんと片岡重雄さんがそれぞれ本当に大切にしていることを話していただく場であり，自然の流れに任せていくこと

が必要です。

　メディエーターからのそれぞれの話の要約のうち，二人が，前のステージのままで大丈夫と了解していることのほか，もう少し明確にしておいた方がよいと思っている点を質問していきます。そして次のステージに入っていきます。

> **ステージ5　メディエーターとAさんBさん，参加者全員がそれぞれに課題について一緒に考えていく**
>
> **主な任務・役割**
> - メディエーターが両者と一緒にそれぞれの話し合いたい課題を見つけていく。
> - AさんBさんがお互いにコミュニケーションがとれるように工夫や助けをしていく。
> - AさんBさんがお互いに理解していることを確認し，思い込んでいること，仮定してしまっていることなどを明確にしていく。
> - AさんBさんが話し合いたい論点についてそれぞれが心配していることを明確にしていく。
> - AさんBさんそれぞれの違いを認め合い，そこから動いていくことを助ける。
> - メディエーターは話し合うのに安全な環境を維持する。
> - メディエーターが話し合いの流れや進行の仕方を維持する，あるいはもう一度確認し必要があれば変えていく。
> - AさんBさんが過去から未来に焦点を変化させていくのをメディエーターが助ける。
> - この時点まででAさんBさんが同意していることと，同意していないことをメディエーターが要約する。

　主にAさんBさんが本当に大切にすることのうち，共通点を探っていきながら進行していく方法を主に取っていますが，お話を進める中では，まずは，強い想いを受け止め，それをお互いに理解し，そこから話し合いを進める場合もあります。

　柔軟に，AさんBさんにあわせて進行していくことは各ステージ共通で

事例3　ある日の打合せ中

すが，特にこのステージ5ではメディエーターが今まで聴いた話の中から，AさんBさん双方が話し合いたい課題の選択をしていく作業になります。その意味で，形骸化することなく，AさんBさんにあわせて進行していくことが必要になります。

> ここでは片岡達夫さんと片岡重雄さんの話し合いを想定し，それぞれが本当は大切に思っていることと，その気持ちの背景を考えてみましょう。
>
> **片岡達夫さん**
> - 今まで自分が置かれてきた状況や気持ちを家族に理解して欲しい。
> - 両親にはゆっくりして欲しい。
> - 自分の子どもに店を継がせたい。
>
> **片岡重雄さん**
> - 自分は息子のことを大切に思っている。
> - 長男ばかりに自分の生活を強いてしまったのではないかという罪悪感がある。
> - 息子の身体のことを心配している。
>
> 片岡達夫さんと重雄さんともお互いに身体や将来について思いあっている気持ちがあることは間違いありません。しかし，怒りやその他の気持ちが全面に出てしまってその気持ちがお互いに分かりづらくなっています。まずはお互いに思いあっていることを，分かり合おうという場を創っていくことが必要になります。しかし，この場も強制的なものでなく，二人の想いが自然と出せるようにメディエーター二人の力を信じて接していくことが必要になります。
>
> 二人の気持ちの共通点が見えたところで，次に今後お店をどうしていくか，そのためには何が必要かを話し合っていきます。その中で，兄弟との話し合いが必要だという話も出てくるかもしれません。

ステージ6　合意を一緒に創っていく

主な任務・役割
- ＡさんＢさん，メディエーターとともに選択肢を一緒に創り出し，それぞれの申し出を明確に分かりやすくする。
- 選択肢が実現可能かどうかなど，参加者全員で確認する。
- 目の前の問題の解決をどうするのかを，ＡさんＢさんとで一緒に考える。
- メディエーターはそれぞれから発せられる和解的なジェスチャーなどをしっかり観察し，気を配る。
- メディエーターは対話を落ち着かせ，合意を創り上げていく。
- メディエーターは合意の確認を行い，記録する。
- 参加者全員で何かあった時，その合意が守られなかった時などのアレンジを確認する。
- 参加者全員でもし合意ができなかった時には，次にどうするのかを明確にする。

　ＡさんＢさん双方が，それぞれ今後していく行動を中心として選択肢を一緒に考えていきます。その際，行動は出来るだけ具体的に，そして時間や場所なども明確にしていきます。

　場合によっては，どのように実行するのかなどを尋ねながら，選択肢の実効性を確認していくことも必要です。

　その場で話し合わなかったことが，将来起こったときにどうするのかなど，将来についても合意の中には入れておく必要があります。

片岡達夫さんと片岡重雄さんの場合
- 今後お互いのことを心配している時は，できるだけその時に声をかけあう。
- お店のやり方などについては，しばらく達夫さんが決断を下すときは重雄さんとゆっくり話し合う席を設ける。
- 話し合う場合，必要があればメディエーションを利用する。

事例3　ある日の打合せ中

- 自分たちの気持ちを理解し合おうとした場を設けたことはお互いに理解し，今後のために活用しようという点をお互いに納得した。
- 兄弟との話し合いを別途メディエーションの席で設ける。
- 兄弟との話し合いの中で，今回話し合った内容の概略はメディエーターから伝える。ただし，その話す内容は達夫さんと重雄さんにもう一度確認する場を設ける。
- 今後お互い連絡をまめにとっていく。

ステージ7　終了とフォローアップ

主な任務・役割
- 話し合いのセッションを終了する。
- 必要に応じて，フォローアップを行う。
- メディエーターが抱いている感情的な疲労感などを解消する。

　話し合いで二人が合意したことを確認し，話し合いの場を終了します。
　帰りの二人の様子を見ながら，次にメディエーターが取るべきフォローについて，協同メディエーターと話し合います。
　またメディエーターとして今回の一連の流れを振り返ることによって，今後のスーパービジョンの方法などについて決定していきます。

事例4 ある日の昼下がり

❖1 事例紹介

青柳　香子さん
青柳真一の母　67歳

青柳　真理子さん
青柳真一の妻　38歳

青柳　真一さん
青柳香子の息子　40歳

青柳　夏美さん
青柳真一・真理子夫妻の子ども　3歳

> **香子さん**　真理子さん，この前私のひいきにしている呉服屋さんに，夏美に似合うような着物があったから注文してもいいかしら。
> **真理子さん**　お母さん……，この前真一さんに言ってもらったと思うのですが。
> **香子さん**　何を遠慮しているの。かわいい孫のためなんだから，それくらい私たちにさせてちょうだいよ。
> **真理子さん**　私は着物の保管方法も分からないし，夏美もそんなに着物着ないと思うんです。だから……。
> **香子さん**　保管方法なら私が教えてあげるから，大丈夫よ。
> **真理子さん**　はぁ。ただ，今の子どもはそんなに着物，着ないんです。
> **香子さん**　……。

❖ 概　要

　青柳香子（67歳）は一人息子真一（40歳）の嫁真理子（38歳）との関係で悩んでいる。
　真一と真理子は小学校時代からの幼馴染みで香子も小さいころから知っているし，真理子の両親とも昔からよく知っている（真理子の両親は転居し，

事例4　ある日の昼下がり

現在は遠方に住んでいる）。

　自分は自分の姑，青柳キク（享年90歳）との間で深く悩んだ経験があり，その苦労は真理子さんにはさせたくないと思っている。

　しかし，やっと授かった孫，夏美（3歳）の七五三の祝いをきかっけに，息子夫婦との関係がギクシャクしてしまった。

　夫，正治（70歳）は定年退職後は趣味のゴルフ三昧の日々を過ごしており，自分の話は聴いてくれない。聴いても「放っておけ」の一言で終わってしまう。

　息子家族には幸せになって欲しいと思っている。

青柳香子さんの事情

- 自分の姑キクはなんにでも口を出してきて，真一の子育ても自由にできなかった。
- その分，真理子さんには自由にさせてあげたいと思い，口は挟まないようにしている。
- ただし，やっと授かった孫の七五三の着物は自分が買ってあげたいと思っていた。それは自分自身の長年の夢だった。すでに呉服屋などを数件あたっている。
- 真理子さんが「着物は持っていても着せる機会がないので，レンタルで済ませたい」といってきたときはショックだった。
- 着物は持っていても着る機会がないというのは，よく分かるがせっかくの記念だし，女の子にはそういう思い出が必要だと思っている。
- 自分には女の子がいないので，真一の嫁に真理子さんが来てくれたことは嬉しく，娘のようにかわいがりたい。

- 共稼ぎの真一夫妻の手助けをしてやりたと思っていて，いつでも声をかけてくれれば助けてあげるのに，なかなか声もかけてくれなくて，さびしく思っている。

青柳真理子さんの事情

- 幼馴染みの関係で結婚したせいか，まるで自分の両親が二組いるような家庭状況が続いている。
- お義母さん（香子）が自分にすごく気を使っているのが分かる分，それが時々重く感じることもある
- お義母さん（香子）にはもっと自由にしてもらいたい。
- 夏美に着物を買ってくれるのはありがたいのだが，自分では着物の保管もよく分からない。そうかといってお義母さん（香子）に預かっていてくださいとは言えず，悩んでいる。
- これからも仲良くしていきたいのだけど，自分がはっきり「着物はいらない」といってしまったことを後悔する思いもあり，なかなか自分からいろいろなことを言い出せない。
- 自分の両親は遠方に住んでいるのでなかなか助けは求められない。しかし，そうかといって夫の親に助けを求めるのは，甘えているのではないかと思うところもあり，なかなか言い出せない。

❖2　各ステージの展開

　❖1で挙げた事例（P.201）をステージごとに見てみましょう。
　（ただし，これはあくまでも一例です。メディエーションは参加するAさんBさん，そしてメディエーターによって，プロセスもそれぞれの気持ちも全く異なるため，どれ一つとして同じものはありません。）

事例4　ある日の昼下がり

ステージ１　片方の当事者（Ａさん）との最初のコンタクト

主な任務・役割
- メディエーターの自己紹介。
- Ａさんの状況の確認。
- Ａさんの気持ち（状況から感じられる感情）を受け入れる。
- Ａさんとの信頼関係を築く。
- メディエーションについて，そしてメディエーターの役割，守秘義務についての説明。
  （Ａさんの許可無く，Ａさんから聴いた話をＢさんに伝えない。）
- メディエーションのプロセスを本当に希望しているのかを確認。
- 何を望んでいるのか，本当は大切だと思っていることは何なのかなど基本的考えの確認。
- ７つのプロセスの中で守秘義務をどのように進めていくかを確認。
- 次のプロセスでは何をするのかを決定。

青柳香子さんとのはじめてのコンタクト

メディエーターからの確認と説明

① 香子さんの事情や気持ちの確認
　　例：・真理子さんのことは自分の娘のようにかわいがりたい。
　　　　・自分と同じような苦労をさせたくない。
　　　　・孫をかわいがりたい。

② 家族の問題をメディエーターに話すことの不安などについて明確にし，香子さん自身がメディエーションをしたいのかどうかの気持ちを明確にする

③ 姑の立場として話し合いに対してどのような不安や心配があるのかも確認する。

④ 真理子さんへの連絡方法を確認する
　　この事例では，特に家族であるため，第三者として突然，手紙

や電話をすることより，もしかしたら香子さんから直接真理子さんに話しをしたいという希望があるかもしれません。

またこの事例では，香子さんの気持ちをメディエーターを通して確認することで，メディエーターが真理子さんに連絡することなしに，家族の中で話し合いがもてるように香子さんを支援していく方法も考えられます。

香子さんがどういった方法をとりたいのか決定することを，メディエーターがお話を聴く中で支援していくことになります。

ステージ2　もう一方の当事者（Bさん）との最初のコンタクト

主な任務・役割

ステージ1と全く同様に聴く姿勢としての質が求められ，Bさんの視点から状況が説明される機会を一緒に作っていきます。

その他ステージ1に加わるものとして

- Bさんの信頼を得る。
（特に相手方の場合は，連絡してきたメディエーターがAさんの味方や代理人であると考えられることが多くなります。相手方Bさんの信頼を得ることは今後のプロセスを進めていく上で，重要なポイントになります。）
- 公平性を築く。
（Aさんの代理でAさんの主張を通すためにアクセスしているのではないことを，Bさんに理解していただくことが必要です。）
- 守秘義務を維持する。
（Aさんから聴いた事情をAさんの許可なくBさんにそのままお話することはありません。Bさんのお話も同様にBさんの許可なくAさんに伝えることはありません。）

＊ステージ1のAさんからお話を聴くのとは異なり，相手方から話を伺うためには，まずメディエーションやメディエーターへの信頼が構築されることが必要になります。

事例4　ある日の昼下がり

青柳真理子さんとの初めてのコンタクト

　香子さんからのアプローチの次に事務的な連絡のために，真理子さんに連絡を取ることが多い事例かもしれません。

　あるいはステージ1同様，メディエーターの関与なしに，家族内で話し合いたいという希望が出ることも多いかもしれません。その際は，メディエーションを決して強要することなく，真理子さんの今後とりたい方法について聴き，一緒に考えていくことになります。

　その意味では今回のこのステージでは，
① 　メディエーションやメディエーターの役割りやねらいの説明
② 　第三者が連絡をしていることへの不安や心配を聴き，メディエーションへの不安や心配を明確にしながら，できることは解消していく。
③ 　他に取りたい方法について尋ねていく
④ 　真理子さんの事情や気持ちの確認
⑤ 　嫁としての立場での事情や気持ちの確認
⑤ 　夫や娘との関係

ステージ3　AさんBさんがお互いの意見や気持ちの衝突に向き合う準備をする

主な任務・役割
- メディエーションを続けるのに最善な方法を明確にする。
- 両者が会って話し合うのか，そうでないのかを選択する。
- 登場人物を確定する。
- メディエーションに参加するという約束を明確にする。
- メディエーターを手配（アレンジする担当者とメディエーターが異なる場合）する。
- 話し合いの場所を確保する。

＊会社内などのケースの場合，会社の査定には関係していない点などをA

さんBさん両者に確認し、伝えておくことも必要です。
＊家族・学校・会社など、それぞれの関係性が密な場合は、このステージで終わってしまうことも多くあります。その際、何かあったときにはどちらからでもいつでもメディエーションは再開できることを伝えておきましょう。

青柳香子さんと青柳真理子さんの話し合いのアレンジをしていきます。そこでメディエーターが行う主なことは以下の3つです。

- 話し合いの日程、場所などのアレンジ
- メディエーションの方法の決定
- 協同メディエーターとの打ち合わせ

ステージ4　両者との話し合いの席でAさんBさんそれぞれの課題をお互いに聴く

主な任務・役割
- メディエーターからAさんBさん両者に、話し合いの席に来てくれたことに対し、歓迎の姿勢を表し、説明する。
- 話し合いに必要な約束を参加者全員で決めていく。
- これからの話し合いのプロセスを説明し、その方法でよいかどうかAさんBさん双方から了解を得る。
- AさんBさん双方から中断しないで話を聴く時間を設ける。
- 問題のきっかけなど、初期段階での対立を明確にする。
- それぞれの話の要約を、メディエーターからAさんBさんそれぞれに伝える。
- これからの流れや進行の仕方についてメディエーターからAさんBさんの了解を得る。

ステージ1，2で、メディエーターはそれぞれのお話を聴いています。ステージ4では、まず、グランドルールを作成し、そこにいる参加者が守るべきルールを決めます。その後、メディエーターがそれぞれから聴いた

事例4　ある日の昼下がり

話を要約し，話し合いの目的を確認していきます。そして，付け加えたい点，ステージ１，２から変化している状況や気持ちについて聴いていく中で，それぞれが本当に大切に思っていることを聴き，その中からメディエーターが話し合う課題を選択していくことになります。

筆者はメディエーターの力量が問われるのはこのステージと考えています。それぞれが本当に大切にしていることを聴きながら，どの課題を設定するかによって，話し合いの進め方も違ってきますし，ＡさんＢさんの印象も全く異なるものになってしまうからです。

Ａさん，Ｂさんが無理なく，そして話し合いやすい課題をいかに先にもってこられるのか，このステージではメディエーターの観察力が問われることになります。

このステージでは，青柳香子さんと青柳真理子さんがそれぞれ本当に大切にしていることを話していただく場であり，自然の流れに任せていくことが必要です。

メディエーターからのそれぞれの話の要約のうち，二人が，前のステージのままで大丈夫と了解していることのほか，もう少し明確にしておいた方がよいと思っている点を質問していきます。そして次のステージに入っていきます。

ステージ５　メディエーターとＡさんＢさん，参加者全員がそれぞれに課題について一緒に考えていく

主な任務・役割
- メディエーターが両者と一緒にそれぞれの話し合いたい課題を見つけていく。
- ＡさんＢさんがお互いにコミュニケーションがとれるように工夫や助けをしていく。
- ＡさんＢさんがお互いに理解していることを確認し，思い込んでいること，仮定してしまっていることなどを明確にしていく。
- ＡさんＢさんが話し合いたい論点についてそれぞれが心配していることを明確にしていく。

> - ＡさんＢさんそれぞれの違いを認め合い，そこから動いていくことを助ける。
> - メディエーターは話し合うのに安全な環境を維持する。
> - メディエーターが話し合いの流れや進行の仕方を維持する，あるいはもう一度確認し必要があれば変えていく。
> - ＡさんＢさんが過去から未来に焦点を変化させていくのをメディエーターが助ける。
> - この時点まででＡさんＢさんが同意していることと，同意していないことをメディエーターが要約する。

　主にＡさんＢさんが本当に大切にすることのうち，共通点を探っていきながら進行していく方法を主に取っていますが，お話を進める中では，まずは，強い想いを受け止め，それをお互いに理解し，そこから話し合いを進める場合もあります。
　柔軟に，ＡさんＢさんにあわせて進行していくことは各ステージ共通ですが，特にこのステージ5ではメディエーターが今まで聴いた話の中から，ＡさんＢさん双方が話し合いたい課題の選択をしていく作業になります。その意味で，形骸化することなく，ＡさんＢさんにあわせて進行していくことが必要になります。

> 　香子さんと真理子さんは夏美ちゃんのことを大事に思っていることは共通しています。また二人のコミュニケーションのすれ違いのきっかけになったのは，着物の件です。
> 　二人の夏美ちゃんへの気持ちが双方とも理解できた時点で，自然と着物の話になっていくことになるかもしれません。
> 　その際，真理子さんは本当は着物を香子さんが買ってくれるのはありがたいと思っている反面，着物の保管方法が分からない，そしてそういったことを義理の母親に頼ってしまってはいけないと思っている点があります。もし，そこが真理子さんから言葉にできれば，香子さんは自分を頼って欲しいと思っているのですから，考えが一

致していることになります。

　メディエーターはもしかしたらステージ１，２，３で真理子さんや香子さんのこういったすれ違いに気づいているかもしれません。そしてここさえ分かり合えれば，二人はコミュニケーションを再開できると思っていることも多いでしょう。しかし，ここで，焦って，この点をすぐに持ち出したり，強制したりしないのがメディエーションのプロセスです。二人から自然とこの話がでるように，メディエーターは時には「待つ」ことが必要です。

ステージ６　合意を一緒に創っていく

主な任務・役割
- ＡさんＢさん，メディエーターとともに選択肢を一緒に創り出し，それぞれの申し出を明確に分かりやすくする。
- 選択肢が実現可能かどうかなど，参加者全員で確認する。
- 目の前の問題の解決をどうするのかを，ＡさんＢさんとで一緒に考える。
- メディエーターはそれぞれから発せられる和解的なジェスチャーなどをしっかり観察し，気を配る。
- メディエーターは対話を落ち着かせ，合意を創り上げていく。
- メディエーターは合意の確認を行い，記録する。
- 参加者全員で何かあった時，その合意が守られなかった時などのアレンジを確認する。
- 参加者全員でもし合意ができなかった時には，次にどうするのかを明確にする。

　ＡさんＢさん双方が，それぞれ今後していく行動を中心として選択肢を一緒に考えていきます。その際，行動は出来るだけ具体的に，そして時間や場所なども明確にしていきます。

　場合によっては，どのように実行するのかなどを尋ねながら，選択肢の実効性を確認していくことも必要です。

　その場で話し合わなかったことが，将来起こったときにどうするのかな

ど，将来についても合意の中には入れておく必要があります。

- 香子さんは夏美さんの着物を購入し，保管もする。
- 香子さんは着物の手入れの方法や保管方法について真理子さんに伝える。
- 真理子さんは仕事などが忙しいときに香子さんに連絡をする。
- 香子さんは，今後夏美さんのものなどを買うときはなるべく真理子さんに相談し，真理子さんも心配な時は，連絡する。
- 今後何か話し合いが必要なときは，香子さん，真理子さんでまず直接話をし，必要に応じて，どちらもメディエーションセンターに連絡することができる。

ステージ7　終了とフォローアップ

主な任務・役割
- 話し合いのセッションを終了する。
- 必要に応じて，フォローアップを行う。
- メディエーターが抱いている感情的な疲労感などを解消する。

話し合いで二人が合意したことを確認し，話し合いの場を終了します。

帰りの二人の様子を見ながら，次にメディエーターが取るべきフォローについて，協同メディエーターと話し合います。

またメディエーターとして今回の一連の流れを振り返ることによって，今後のスーパービジョンの方法などについて決定していきます。

事例5　ある日の学校で

事例 5　ある日の学校で

❖1　事例紹介

宮内　幸一さん
池田雅人君の現担任

池田　雅人さん
中学2年　男子

池田　裕一さん
池田雅人君の兄

池田　由美子さん
池田雅人君の母

石川　明さん
池田雅人君の元担任

✥　事　例

石川先生	あ，宮内先生。ちょっと……受け持ちのクラスに池田雅人さんっているでしょう。
宮内先生	はい，いますよ。それがなにか？　あ，石川先生が以前，受け持っていたんでしたっけ。
石川先生	うん。ちょっと引っ込み思案で，大人しくて気にしていたからなんだろうけれど……。
宮内先生	あー，確かに大人しいですよね。まじめであんまり騒がないし。
石川先生	そうなんだよな。ただ自分としては，クラスに馴染めてない気がしていて。親も気にしていて，面談のときとかに相談されたりしたんだ。
宮内先生	そういえば，この前の面談のときにも言ってました。で，それが何か……？
石川先生	うーん，宮内先生さ，そのとき，まじめで，って言い方しなかった？　なんかお母さんが気にされててさ。

212

宮内先生 しましたけれど……，それって別にマイナスな言葉ではないですよね。だって活発な子もいれば大人しい子もいるわけで。でもそれをなんで石川先生に？

石川先生 面談のあと，たまたま校内で会ってさ。こっちも気にして接していたから話したのだろうけれど。そのときだけならまあ何だ。ただ池田君の兄貴が入っている部活の顧問だから，なにかとお母さんと会う機会があって，ときどき気にしているような口ぶりだったから，こっちも気になって。

宮内先生 そうなんですか。面談のときは，そんな風に見えなかったけれど……。なんで直接言ってくれないのかなあ。いや，別に石川先生に言われたことが不愉快とかではなくて。ただ一応，今の担任は自分なんだし……。

石川先生 わざわざ言うと，うるさい親だと思われるんじゃないかと気にしていたよ。ほら，最近モンスターペアレンツとかっていうし。

宮内先生 そうですか……。今月，ちょうど保護者参観があるので，話してみます。

石川先生 まあ，気に留めといて。

〜保護者参観後

宮内先生 池田さん，あのちょっと。

池田君母 はい？なんでしょうか。

宮内先生 いえ，石川先生からもお話があったのですが，この前の面談の折にお話したことが気になっていまして……。

池田君母 ああ……。石川先生って何かと相談しやすくて，つい。大人しいし，まわりとうまくやっているのか気になって。最近，学校に行くのが億劫そうで。

宮内先生 大人しいからって問題がある訳じゃないですが……。いえ，気になる点がありましたら，担任の自分にお話していただ

事例5　ある日の学校で

池田君母	……そうですよね。ただ，大人しい，馴染めているのかっていうことは先生によっては，相談するようなことじゃないと思われるだろうし。現に先生も，真面目で，といって気にされていない様子だったので。
宮内先生	気にしていないという訳では……。
池田君母	でも電話をしたら，きっと過保護な，うるさい親だと思われると思ってしまって。それに先生お忙しそうなので。
宮内先生	そんなことないですよ。自分としても気に掛けていくので，今後はご相談してください。

宮内先生の気持ち
（大人しい，真面目はプラスの表現ではないのかな。大体，騒々しい子やすぐ手を出すような子より，いいじゃないか。なんでそんなに気にするのかなあ。係りの仕事だって，授業だってちゃんと取り組んでいるのを知っているし，自分だってちゃんと池田君のことを評価しているのだけれど……。）

池田君母の気持ち
（宮内先生は，あんまり気にしていないみたい。石川先生は引っ込み思案なところを気にしていてくれたから，相談しやすかったわ。気にしすぎなのかもしれないけれど，学校の話を前より楽しそうにしないし……。お話しても，真面目とかおとなしいと言って片付けられてるような気がしてしまう。）

214

1 事例紹介

池田雅人さん母の事情

- 雅人が小学校入学時に離婚した。
- もともと人見知りをする子ではあったが，自分が離婚したことで，余計に引っ込み思案になってしまったのではないかと思っている。
- 最近雅人が自分とは口をきいてくれなくなった。
- 雅人はちょうど反抗期なのかと思ってはいるが，先日雅人の兄，裕一から「お父さんがいたころは，あいつはあんなじゃなかったのに……」と言われショックだった。
- そこで誰に相談しようかと迷ったが，例えば教頭先生に相談しても話が大きくなってしまいそうだったので，以前の担任で今裕一の部活の顧問の石川先生に相談した。
- 保護者参観のときに宮内先生から声をかけられ，石川先生から話がいってしまったことを知り，宮内先生に悪いことをしちゃったなと思った。
- 石川先生は細かな心配りがあり，内気な息子のことも気にかけてくれていた。
- 宮内先生は体育会系のおおらかなところが気に入っているが，あまり細かいところは気をかけてくれないことは，他のお母さん仲間から聞いていた。
- これから裕一の受験もあるので，次男の雅人のことは今だからこそ何とかしておきたいと思っている。
- 最近，近所のお母さん仲間が学校にクレームを言ってモンスターペアレント扱いされたと怒っている話を聞き，自分がそういうふうに思われてしまったら子どもに迷惑がかかると思った。

宮内先生の事情

- 自分が学生のころは，うるさいくらいで先生に注意されたり，親にも怒られたりしていた。

215

事例5　ある日の学校で

- おとなしい子を見ると，自分が学生時代に怒られたことを思うと，今は黙っていようと思う。
- その一方で，自分は体育会系で，ハキハキしない子どもを見ると，気になり，どうしたら元気になれるのかを考えてしまう。
- 先日池田君にも声をかけたら「大丈夫です」の一言で終わってしまった。
- 池田君のお母さんが石川先生に相談し，自分のところに直接言ってきてくれなかったのがショックだった。
- 自分は確かに石川先生よりは，経験は浅いが，信頼されていないのだろうか。
- 教師として子どもたちのことをこれからも考えていきたい。

❖2　各ステージの展開

❖1で挙げた事例（P.212）をステージごとに見てみましょう。

（ただし，これはあくまでも一例です。メディエーションは参加するAさんBさん，そしてメディエーターによって，プロセスもそれぞれの気持ちも全く異なるため，どれ一つとして同じものはありません。）

ステージ1　片方の当事者（Aさん）との最初のコンタクト

主な任務・役割
- メディエーターの自己紹介。
- Aさんの状況の確認。
- Aさんの気持ち（状況から感じられる感情）を受け入れる。
- Aさんとの信頼関係を築く。
- メディエーションについて，そしてメディエーターの役割，守秘義務についての説明。
（Aさんの許可無く，Aさんから聴いた話をBさんに伝えない。）
- メディエーションのプロセスを本当に希望しているのかを確認。
- 何を望んでいるのか，本当は大切だと思っていることは何なのかなど基本的考えの確認。

- 7つのプロセスの中で守秘義務をどのように進めていくかを確認。
- 次のプロセスでは何をするのかを決定。

池田由美子さんとの初めてのコンタクト

　学校内の実情，ましてや自分の子どもがかかわることを第三者に話をするということは，とても勇気がいることです。ましてや自分の子どもがまだ学校に在学している場合，誰かに話をしたことが，子どもにどのような影響があるのかなどを心配していることもあります。

　また，メディエーション機関が学校と契約関係など，ある程度の関係性がない限り，第三者機関のメディエーターをどのように理解しているかも定かではありません。

① 池田さんの今の事情や気持ちの確認
　　例：・雅人が反抗期だとは，思っているのだけれど，裕一から言われた一言が気になっている。
　　　　・誰に相談したらよいのか分からない。
　　　　・石川先生と比較してはいけないものの，ついつい比較してしまう。
　　　　・裕一の受験が心配である。
　　　　・家庭の事情について
　　　　・子どものためにも，自分がモンスターペアレントと思われたくない。

② 親の立場としての第三者に相談することの不安や心配，リスクについて聴く。

③ もし，池田さんがメディエーションをすることを強く希望している場合，メディエーターが関与することで，子どもたちに（学校や家庭で）どのような影響があるのかを，明確にする。

事例5　ある日の学校で

④　ステージ2の学校側との連絡方法を確認する。

　　例えば，手紙を渡すような場合，池田さんから説明をしながら関係者に渡してもらうのか，直接，先生宛てに手紙を送るのかなど。

　　また誰にコンタクトをとるのがよいのかも明確にする必要があります。

＊この事例では直接悩みを打ち明けているのは母親の池田さんですが，学校での生活は息子の池田雅人さんになります。メディエーターは池田さんの話しを聴きながら，雅人さんの学校生活にも気を配る必要がでてきます。

ステージ2　もう一方の当事者（Bさん）との最初のコンタクト

主な任務・役割

　ステージ1と全く同様に聴く姿勢としての質が求められ，Bさんの視点から状況が説明される機会を一緒に作っていきます。

　その他ステージ1に加わるものとして

- Bさんの信頼を得る。
（特に相手方の場合は，連絡してきたメディエーターがAさんの味方や代理人であると考えられることが多くなります。相手方Bさんの信頼を得ることは今後のプロセスを進めていく上で，重要なポイントになります。）
- 公平性を築く。
（Aさんの代理でAさんの主張を通すためにアクセスしているのではないことを，Bさんに理解していただくことが必要です。）
- 守秘義務を維持する。
（Aさんから聴いた事情をAさんの許可なくBさんにそのままお話することはありません。Bさんのお話も同様にBさんの許可なくAさんに伝えることはありません。）

＊ステージ1のAさんからお話を聴くのとは異なり，相手方から話を伺うためには，まずメディエーションやメディエーターへの信頼が構築されることが必要になります。

宮内幸一さんとのコンタクト

　学校での問題の場合，誰とコンタクトを取ったらよいのかはステージ1の相談の段階で明確にします。今回の事例の場合，池田由美子さんは，教頭先生に話すと大げさになってしまうのではないかという心配があり，直接宮内さんと連絡を取ることを想定してみましょう。

① 宮内さんの今までの事情と気持ち，今の事情と今の気持ちを確認します。

　　例： ・自分が体育会系であることは十分に自覚している。
　　　　・石川先生経由で話が入ってきたのはショックだった。
　　　　・教師として子どもたちのことを最優先で考えたい。

② 宮内さんの気持ちや事情を十分に聴いた後で，学校との関係，この話し合いが学校として受け止めているのか，まずは宮内先生個人として受けとり，次の行動にし移していくのかを確認します。

③ 学校での話になったときには，これからどのようにしていけばよいのか，必要に応じては学校の関係者を交えてお話します。ただし，池田さんから聞いた話を，池田さんの許可無く，宮内さんや学校関係者にお話することはないことを明確にしましょう。

④ 個人として話をした場合，今後話し合いがどのような影響があるのかなどを聴いていきます。特に子どもに対して何か影響があるのかは，宮内さんの心配としても出てくる可能性があります。その点は宮内さんがどのように自分自身で理解しているかを明らかにする必要があります。

事例5　ある日の学校で

> **ステージ3　AさんBさんがお互いの意見や気持ちの衝突に向き合う準備をする**
>
> **主な任務・役割**
> - メディエーションを続けるのに最善な方法を明確にする。
> - 両者が会って話し合うのか，そうでないのかを選択する。
> - 登場人物を確定する。
> - メディエーションに参加するという約束を明確にする。
> - メディエーターを手配（アレンジする担当者とメディエーターが異なる場合）する。
> - 話し合いの場所を確保する。

＊会社内などのケースの場合，会社の査定には関係していない点などをAさんBさん両者に確認し，伝えておくことも必要です。

＊家族・学校・会社など，それぞれの関係性が密な場合は，このステージで終わってしまうことも多くあります。その際，何かあったときにはどちらからでもいつでもメディエーションは再開できることを伝えておきましょう。

池田由美子さんと宮内幸一さんの話し合いのアレンジをしていきます。そこでメディエーターが行う主なことは以下の3つです。

- 話し合いの日程，場所などのアレンジ
- メディエーションの方法の決定
- 協同メディエーターとの打ち合わせ

---

2 各ステージの展開

> **ステージ4　両者との話し合いの席でAさんBさんそれぞれの課題をお互いに聴く**
>
> ### 主な任務・役割
> - メディエーターからAさんBさん両者に，話し合いの席に来てくれたことに対し，歓迎の姿勢を表し，説明する。
> - 話し合いに必要な約束を参加者全員で決めていく。
> - これからの話し合いのプロセスを説明し，その方法でよいかどうかAさんBさん双方から了解を得る。
> - AさんBさん双方から中断しないで話を聴く時間を設ける。
> - 問題のきっかけなど，初期段階での対立を明確にする。
> - それぞれの話の要約を，メディエーターからAさんBさんそれぞれに伝える。
> - これからの流れや進行の仕方についてメディエーターからAさんBさんの了解を得る。

　ステージ1，2で，メディエーターはそれぞれのお話を聴いています。ステージ4では，まず，グランドルールを作成し，そこにいる参加者が守るべきルールを決めます。その後，メディエーターがそれぞれから聴いた話を要約し，話し合いの目的を確認していきます。そして，付け加えたい点，ステージ1，2から変化している状況や気持ちについて聴いていく中で，それぞれが本当に大切に思っていることを聴き，その中からメディエーターが話し合う課題を選択していくことになります。

　筆者はメディエーターの力量が問われるのはこのステージと考えています。それぞれが本当に大切にしていることを聴きながら，どの課題を設定するかによって，話し合いの進め方も違ってきますし，AさんBさんの印象も全く異なるものになってしまうからです。

　Aさん，Bさんが無理なく，そして話し合いやすい課題をいかに先にもってこられるのか，このステージではメディエーターの観察力が問われることになります。

　このステージでは，池田さんと宮内さんがそれぞれ本当に大切にしていることを話していただく場であり，自然の流れに任せていくことが必要で

事例5　ある日の学校で

す。
　メディエーターからのそれぞれの話の要約のうち，二人が，前のステージのままで大丈夫と了解していることのほか，もう少し明確にしておいた方がよいと思っている点を質問していきます。そして次のステージに入っていきます。

> **ステージ5　メディエーターとAさんBさん，参加者全員がそれぞれに課題について一緒に考えていく**
>
> **主な任務・役割**
> - メディエーターが両者と一緒にそれぞれの話し合いたい課題を見つけていく。
> - AさんBさんがお互いにコミュニケーションがとれるように工夫や助けをしていく。
> - AさんBさんがお互いに理解していることを確認し，思い込んでいること，仮定してしまっていることなどを明確にしていく。
> - AさんBさんが話し合いたい論点についてそれぞれが心配していることを明確にしていく。
> - AさんBさんそれぞれの違いを認め合い，そこから動いていくことを助ける。
> - メディエーターは話し合うのに安全な環境を維持する。
> - メディエーターが話し合いの流れや進行の仕方を維持する，あるいはもう一度確認し必要があれば変えていく。
> - AさんBさんが過去から未来に焦点を変化させていくのをメディエーターが助ける。
> - この時点まででAさんBさんが同意していることと，同意していないことをメディエーターが要約する。

　主にAさんBさんが本当に大切にすることのうち，共通点を探っていきながら進行していく方法を主に取っていますが，お話を進める中では，まずは，強い想いを受け止め，それをお互いに理解し，そこから話し合いを進める場合もあります。
　柔軟に，AさんBさんにあわせて進行していくことは各ステージ共通で

すが，特にこのステージ5ではメディエーターが今まで聴いた話の中から，AさんBさん双方が話し合いたい課題の選択をしていく作業になります。その意味で，形骸化することなく，AさんBさんにあわせて進行していくことが必要になります。

- 二人が雅人さんのことを心配していることは共通しています。まずは池田さん，宮内さんがこれからどうしたいのかについて話しを進めていきます。
- 今後雅人さんが元気が無いと感じられる時に，池田さん，宮内さんがそれぞれどうするのかを確認していきます。
- 池田さんが心配している家庭の事情は，場合によっては池田さんは宮内さんには話づらい場合が多いでしょう。その場合は，池田さんが話たいと思うまで，あるいは，メディエーターからは無理強いしません。メディエーターがその点について心配が残っているような場合，話し合い後のフォローアップ（ステージ7）で尋ねることがあります。
- 学校内で，今後何かあったときの連絡方法について確認します。

ステージ6　合意を一緒に創っていく

主な任務・役割
- AさんBさん，メディエーターとともに選択肢を一緒に創り出し，それぞれの申し出を明確に分かりやすくする。
- 選択肢が実現可能かどうかなど，参加者全員で確認する。
- 目の前の問題の解決をどうするのかを，AさんBさんとで一緒に考える。
- メディエーターはそれぞれから発せられる和解的なジェスチャーなどをしっかり観察し，気を配る。
- メディエーターは対話を落ち着かせ，合意を創り上げていく。
- メディエーターは合意の確認を行い，記録する。

> - 参加者全員で何かあった時，その合意が守られなかった時などのアレンジを確認する。
> - 参加者全員でもし合意ができなかった時には，次にどうするのかを明確にする。

　AさんBさん双方が，それぞれ今後していく行動を中心として選択肢を一緒に考えていきます。その際，行動は出来るだけ具体的に，そして時間や場所なども明確にしていきます。

　場合によっては，どのように実行するのかなどを尋ねながら，選択肢の実効性を確認していくことも必要です。

　その場で話し合わなかったことが，将来起こったときにどうするのかなど，将来についても合意の中には入れておく必要があります。

> - 今後雅人さんに心配なことがあったときは，宮内さん，池田さん，それぞれが直接連絡を取り合う。
> - 場合によっては石川先生にお願いする事も考える。その場合は，宮内さん，池田さん双方が話し合ってから決める。

ステージ7　終了とフォローアップ

主な任務・役割
・話し合いのセッションを終了する。
・必要に応じて，フォローアップを行う。
・メディエーターが抱いている感情的な疲労感などを解消する。

　話し合いで二人が合意したことを確認し，話し合いの場を終了します。

　帰りの二人の様子を見ながら，次にメディエーターが取るべきフォローについて，協同メディエーターと話し合います。

　またメディエーターとして今回の一連の流れを振り返ることによって，今後のスーパービジョンの方法などについて決定していきます。

第3編
資料編

1 協同メディエーター 225

2 ピアメディエーションとピアサポーター 229

3 コンタクトをとる際の諸注意 239

4 Meadiation UK 作成の映像資料から 245

5 翻訳用語一覧 264

資料1 協同メディエーター

メディエーターを2人で行うことのねらいと役割を考えてみましょう。

❖ 協同メディエーター

(Mediation UK Training Manual in Community Mediation Skill P.170)

二人のメディエーターが一緒にメディエーションを行うということは，スキルや経験を共有できるだけでなく，お互いの違いや共通点などを最大限に活かすことができます。そのためには基本的な知識や，観察力，最善の準備，お互いに信頼し心を開いている事が求められます。ただし，協同メディエーターのリスクがあることも事実です。それは特に，補完的な関係でなく相反するような関係であった時，あるいは相性が合わないような時です。メディエーターと関係者全員が前向きな経験が持てるような協同メディエーターとはどんなものか例をあげてみましょう。

メディエーション前

→ それぞれのスタイルや長所，どんなサポートが必要なのかを話し合う。
→ お互いの役割や課題をどのようにするのか計画を立てる。
→ どんな場合上手くいかない可能性があるか，その時はどんなサポートがお互いできるのかを予測する。
→ その場の感触を掴んでみる，そして自分自身が協同メディエーターのためにどのように自分の経験を建設的に使えるのか考えてみる。

メディエーション中

→ 話す：二人で話す。
→ 聴く：もし協同メディエーターが話している時はもう一人のメ

資料Ⅰ　協同メディエーター

　　　　ディエーターはそこで何が話されているのか注意深く聴く。協
　　　　同メディエーターがどうしようとしているのか方向性を考える。
→　観察する：いろいろなことがどのようになっているのか観察する。
　　　　協同メディエーターやメディエーションの参加者がどのように
　　　　しようとしているのか，どのように感じているのか，そこでは
　　　　どんなプロセスが進められているのかを観察する。
→　見る：協同メディエーターが話している時のもう一人のメディ
　　　　エーターの仕事はそこで何が起こっているのかをしっかり見る。
→　質問をする：時にはメディエーション参加者の前で協同メディ
　　　　エーターに助言を求める。例えば，当事者の方達に補完的な質
　　　　問をしようとする前に確認したいと思う場合（例：○○につい
　　　　て伺ってみようかと思うのですが，どうでしょう？）。
→　休憩をとる：経験豊富なメディエーターは休憩を盛り込む。
　　　　とりわけ，後退してしまっている時，何が起こっているのか
　　　　チェックをする必要がある時，当事者の方たちに休憩が必要だ
　　　　と感じた時などにとる。

メディエーション後

→　時間をとる：振り返りの時間をとる。お互いにフィードバックを
　　　　し，それぞれのメディエーションはどうだったのかを考える。
→　次につなげる：メディエーションの質の管理を考える。それぞれ
　　　　のメディエーションが今後どのように活かされるべきかお互い
　　　　に話す。

まとめ

→　一人が独占するということなく，お互いにサポートし，助け合う。
→　自分自身が何が得意なのか，そして自分には何が必要なのかなど
　　お互いに明確にしておく。
→　お互いにそれぞれ違うやり方があることをいつも認め合う。
→　もしかしたらネガティブな影響力を持つかもしれない違いについ
　　ては時間をかけて向き合う。

→ 前向きなフィードバックをお互いに探し，交換する。
→ 万が一，協同メディエーターとして上手くいかないと感じた場合でも，当事者の方たちの前で，お互いに攻撃するのはやめる。そんな時は休憩をとる。
→ 他の誰かと一緒にしているわけではない，その人と一緒にしているということを信じ合う。

❖協同メディエーションのメリット

(Mediation UK Training Manual in Community Mediation Skill P.171)

メディエーターにとって

→ どちらかが少しおとなしい役割としてメディエーションに参加すると双方のメディエーターにとって聴きやすくなり，観察しやすくなります。このように役割を分担することで，メディエーションの動きやプロセスをもう一人の少し積極的な役割のメディエーターを助けることができます。
→ 物理的に，理知的に，そして気持ちの面も重視しながらメディエーションを進めていくことができます。協同メディエーションは精神的負担を軽くすることができます。
→ 二人の人が一緒にかかわることで一人でするよりも多くのことを学ぶことができます。
→ メディエーター双方がもう一人のメディエーターと一緒に様々なことを精査することができます。例えば，それぞれのアイデアを尋ねたり，スキルや信頼を提供している時に同時にサポートをしたりされたりすることができます。このことにより人間的なものを見つけ出し，メディエーションのプロセスを堅苦しくないものにすることができます。
→ 経験豊かなメディエーターと協同メディエーションをすることで新人メディエーターにとっては計り知れないほど有効なトレーニ

資料Ⅰ　協同メディエーター

ングになります。
- → 協同メディエーターはお互いのスキル，知識，性格などを補完し合うことができます。
- → 協同メディエーターと一緒にかかわることで，訪問，同席の話し合い双方とも，セキュリティ上の利点があります。

口論や言い争いしている方たちにとって
- → 協同メディエーターによるメディエーションはお互いに協力するというチームワークの作業を示すことになります。これにより前向きな姿勢を提供することができます。
- → 経験やバックグラウンドの幅，可能なアプローチの幅を広げることができます。
- → 協同メディエーターはその口論や言い争いの特性を意味するように選ばれることが必要です。例えば，年齢，性別，国籍，経済状況などです。AさんBさん双方の気持ちが楽になるような選ばれ方が必要になります。
- → 上記のような配慮をもって協同メディエーターが選ばれていれば，協同メディエーターはAさんBさん双方のパワーバランスを前向きに中和することができるでしょう。例えばリーダー的役割の女性メディエーターが男性メディエーターに補佐されていれば，女性のクライアントは，男性クライアントの前で，いつものように片意地張らないで大丈夫と感じることもできるのです。

資料2 ピアメディエーションとピアサポーター

　学生が学生同士の対立やもめごとにかかわる『ピアメディエーション』という方法があります。この場合，ピアとは英語で仲間を意味するように，学生がメディエーターになり，メディエーションのプロセスを進めていきます。

　イギリスなどでは民主教育（シチズンシップ教育）の一環としても学校教育にメディエーション教育が導入されています。

　しかし，このピアメディエーションを導入するためには，学校全体での合意をしっかりとる必要があるだけでなく，学生にとっても一気にピアメディエーターになることが難しく，あるいは学校のみならず，家族，地域全体でのピアメディエーターのフォローアップが必要になります。

　一方，ピアメディエーションと並んで考えられるのがピアサポートです。これは学生同士が仲間として仲間を支えあう活動です。ピアメディエーションが学校内の対立やもめごとの解決を目的としている一方で，ピアサポートは仲間が何か困っている時，お互いに支えあうということを目的としているため，対立やもめごとの解決のみを目的としてるわけではありません。

　例えばこんな事例を考えてみましょう。

229

資料2　ピアメディエーションとピアサポーター

❖1　事例紹介

❖「遅刻はだめだよ」ケース

＊下記事例は，静岡県立浜松江之島高校教諭　山口権治氏からご提供いただきました。

大橋　淳さん
高校2年生

内藤　篤司さん
高校2年生

> **内藤さん**　おい，何で昨日あんなことしたんだよ。
> **大橋さん**　あんなことって？
> **内藤さん**　映画館の前で30分も待ったんだぞ‼　どうして30分も早く時間言うんだよ。
> **大橋さん**　だってお前いつも遅刻してくるじゃないか。
> **内藤さん**　お前の前では遅刻しないだろう。それなのに，30分も‼
> **大橋さん**　いつも遅刻するお前がいけないんじゃないか‼
> **内藤さん**　だから遅刻なんてしてないって言ってるだろう‼

❖概　要

　大橋さんと内藤さんは，同じ学校の同級生（高校2年生）で同じ仲良しグループに所属していました。二人とも小学校以来の友達です。内藤さんは休日にグループで遊びに行く時に待ち合わせ時間に遅刻してくることが多く，大橋さんはそんな内藤さんに腹がたっていました。

230

そこで　先週の日曜日同じグループで映画に行くときに，大橋さんは内藤さんに待ち合わせ時間をみんなより30分早い9時半と伝えました。その日に限って，内藤さんは時間通りに待ち合わせ場所に到着しました。
　結局内藤さんはみんなの待ち合わせ時間まで待つことになりました。
　翌日のことです。ちょっとした拍子に内藤さんの不満が爆発し，大橋さんと内藤さんは教室内でけんかになりました。
　その場にいた友人がけんかを止め，その場は納まりましたが，お互いになんとかしたいと思っており，学校でピアサポーター（学生同士がお互いに助け合う学校内の仕組み）を利用しピアメディエーションが開かれることになりました。

大橋淳さんの事情

- 今回みんなで映画を見に行くことは自分（大橋さん）が　みんなを誘って実現した。
- 今回の映画はみんなが好きな俳優が出ていて，絶対に観たい。
- 内藤さんはいつも時間にだらしがなく，約束してもいつも遅れる。そんな内藤さんのことを陰で悪口をいう仲間もいる。
- 自分は内藤さんとは小学校のころから仲が良く，これからもみんなで仲良くしていきたい。
- だから今回はみんなにも自分と一番仲がよい内藤さんがいざという時は，きちんとしていることを見せたかった。

資料2　ピアメディエーションとピアサポーター

内藤篤司さんの事情

- 最近，部活の試合前で練習が厳しいせいか，朝がなかなか起きられない。休日，遊びに行くときには，気が抜けて寝坊してしまうことが多い。
- このごろ友達がちょっと冷ややかに自分に接しているように自分では感じている。こう遅刻ばかりではやばいなと自分でも思っていて，不安なときが時々ある。
- そんな時，小学校のころから仲が良い大橋さんから映画に行かないかと誘われたのが嬉しかった。
- 今回の主人公を演じている俳優は自分も好きだ。
- 自分でもこれをきっかけにもう少しきちんとしようと思い約束を守ったのに，大橋さんに裏切られた。
- 大橋さん自身がみんなの前でカッコつけたいために，自分を利用したんじゃないかと疑ってしまう。
- これからも仲良くしていきたいのに……。

　教室でこういう会話が展開されていたら，どうするでしょう。大橋さん，内藤さんそれぞれの友達が，「どうしたんだ？」と大橋さん，内藤さんそれぞれに個別に話を聴いて，大橋さん，内藤さん自身も，それで悩みが解決できるかもしれません。お友達はそれぞれがそれぞれの立場の事情や背景を考えて，大橋さん，内藤さんの話を聴くこともももちろん大切な方法です。

　あるいはこの事例のようにピアサポートの一環としてピアメディエーションが行われることがあります。もちろんこの事例の前提として，学校内にピアメディエーションとしてのシステムがしっかりと知れ渡り，学生，先生，家族みんなが，ピアメディエーションについて理解している前提が必要です。学生が前向きに解決しようとしていることで周りの大人や学生全体でサポートする体制が必要があります。また学生にもすべてを自分たちだけでやろうとせずに何か困った時にはいつでもサポートする体制があることを知ってもらうことも必要です。

❖2 各ステージの展開

　では，このピアメディエーションのケースが実際にどのような流れになるのかを考えてみましょう。

　今回の前提として，①学校内でピアメディエーションに対する認識が，学校，生徒，家族全員が理解し，共有していること，②クラス全員にピアメディエーションのトレーニングが行われていて，その中から，学生の役割りとしてピアメディエーターが選ばれていること，③ピアメディエーターと先生とは信頼関係がしっかり築かれていて，ピアメディエーションの中身は原則的に秘密ですが，危険なことなどリスクがある場合は，ピアメディエーションを中断して，先生に相談する体制ができていること，④ピアメディエーターを担った学生，ピアメディエーション当事者になった学生のフォローアップ体制ができていること，以上4つが必要です。

　また学校がどのような考え方でピアメディエーションを行っているかによって，それぞれのステージはかなり異なります。ピアメディエーターも学生のみならず，教師や外部の大人（その地域のメディエーターなど）がピアメディエーターに加わることもあります。

ステージ1　片方の当事者（Aさん）との最初のコンタクト

主な任務・役割
- ピアメディエーターの自己紹介
- Aさんの状況の確認
- Aさんの気持ち（状況から感じられる感情）を受け入れる
- Aさんとの信頼関係を築く
- ピアメディエーションについて，そしてピアメディエーターの役割，守秘義務についての説明
（Aさんの許可無く，Aさんから聴いた話をBさんに伝えない）
- ピアメディエーションのプロセスを本当に希望しているのかを確認
- 何を望んでいるのか，本当は大切だと思っている事は何なのかなど基本的考えの確認
- 7つのプロセスの中で守秘義務をどのように進めていくかを確認
- 次のプロセスでは何をするのかを決定

資料2　ピアメディエーションとピアサポーター

　この事例の場合，どちらが申し込むかというステージという展開ではないかもしれません。すでに教室内でけんかが起こっているので，その際にピアメディエーターから例えば内藤さんにピアメディエーションを提案したと想定しましょう。

内藤篤司さんとのはじめてのコンタクト
①内藤さんの事情や気持ちの確認。
- 最近友達とうまくいっていないことを自分で自覚している。
- 大橋さんを信頼している。
- 今回の誘いを自分が変わるきかっけとして考えていた。

②内藤さんが話したことをどこまで大橋さんに伝えてよいのか確認。

> **ステージ2　もう一方の当事者（Bさん）との最初のコンタクト**
>
> **主な任務・役割**
> 　ステージ1と全く同様の聴く姿勢としての質が求められ，Bさんの視点から状況が説明される機会を一緒につくっていきます。
> 　その他第一ステージに加わるものとして
> - Bさんの信頼を得る（とくに相手方の場合は，連絡してきたピアメディエーターがAさんの味方や代理人であると考えられることが多くなります。相手方Bさんの信頼を得ることは今後のプロセスを進めていく上で，重要なポイントになります。）。
> - 公平性を築く（Aさんの代理にAさんの主張を通すためにアクセスしているのではないことをBさんに理解していたくことが必要です。）。
> - 守秘義務を維持する（Aさんから聴いた事情をAさんの許可なくBさんにそのままお話することはありません。Bさんのお話も同様にBさんの許可なくAさんに伝えることはありません。）。

大橋　淳さんとのコンタクト
①大橋さんの今までの事情と気持ち，今の事情と今の気持ちの確認。

- みんなで映画を見に行くことは自分が企画した。
- 内藤さんのことを心配して、みんなにしっかりしたところを証明するチャンスと考えている。

②大橋さんが話したことをどこまで内藤さんに伝えてよいのかを確認。

ステージ3　AさんBさんがお互いの意見や気持ちの衝突に向き合う準備をする

主な任務・役割
- ピアメディエーションを続けるのに最善な方法を明確にする。
- 両者が会って話し合うのか、そうでないのかを選択する。
- 登場人物を確定する。
- ピアメディエーションに参加するという約束を明確にする。
- ピアメディエーターの手配（アレンジする担当者とピアメディエーターが異なる場合）。
- 話し合いの場所の確保。

- 話し合いの日程、場所などのアレンジ
- 協同メディエーターとの打ち合わせ

　第2編の事例同様、学校など、それぞれの関係性が密な場合は、このステージで終わってしまう事も多くあります。その際、何かあったときにはどちらからでもいつでもピアメディエーションは再開できることを伝えておきましょう。

ステージ4　両者との話し合いの席でAさんBさんそれぞれの課題をお互いに聴く

主な任務・役割
- ピアメディエーターからAさんBさん両者にこの場に来ている歓迎の姿勢をあらわし、説明する。

資料2　ピアメディエーションとピアサポーター

- 話し合いに必要な約束を参加者全員で決めていく。
- これからの話し合いのプロセスを説明し，その方法でよいかどうかAさんBさん双方から了解を得る。
- AさんBさん双方から中断しないで話を聴く時間を設ける。
- 問題のきっかけなど，初期段階での対立を明確にする。
- それぞれの話の要約をピアメディエーターからAさんBさんそれぞれに伝える
- ピアメディエーターからこれからの流れや進行の仕方についてAさんBさんの了解を得る

　まず，グランドルールを確認し，話し合いの参加者が守るべきルールを決めます。その後，ピアメディエーターがそれぞれから聴いた話を要約し，話し合いの目的を確認していきます。そして，付け加えたい点，ステージ1，2から変化している状況や気持ちについて聴いていく中で，それぞれが本当に大切に思っていることを聴き，その中からピアメディエーターが話し合う課題を選択していくことになります。

ステージ5　メディエーターとAさんBさん，参加者全員がそれぞれに課題について一緒に考えていく

主な任務・役割
- ピアメディエーターが両者と一緒にそれぞれの話し合いたい課題を見つけていく。
- AさんBさんがお互いにコミュニケーションがとれるように工夫や助けをしていく。
- AさんBさんがお互いの理解していることを確認し，思い込んでいること，仮定してしまっていることなどを明確にしていく。
- AさんBさんが話し合いたい論点についてそれぞれが心配していることを明確にしていく。
- AさんBさんそれぞれの違いを認め合い，そこから動いていくことを助ける。
- ピアメディエーターは話し合うのに安全な環境を維持する。
- ピアメディエーターが話し合いの流れや進行の仕方を維持する，あるいはもう一度確認し必要があれば変えていく。

- AさんBさんが過去から未来に焦点を変化させていくのをメディエーターが助ける。
- この時点まででAさんBさんが同意していることと，同意していないことをピアメディエーターが要約する。

　内藤さん，大橋さんが本当に大切にすることのうち，共通点を探っていきながら進行していく方法を主にとっていますが，お話を進める中では，まずは，強い想いを受け止め，それをお互いに理解し，そこから話し合いをすすめる必要もあります。

　今回の場合，内藤さん，大橋さんともお互いのことを大切に思っていることは共通なので，その気持ちの確認から入っていくことになるでしょう。

ステージ6　合意を一緒に創っていく

主な任務・役割
- AさんBさんピアメディエーターとともに選択肢を一緒に創り出し，それぞれの申し出を明確に分かりやすくする。
- 選択肢が実現可能かどうかなど，参加者全員で確認する。
- 目の前の問題の解決をどうするのかをAさんBさんとで一緒に考える。
- ピアメディエーターはそれぞれから発せられる和解的なジェスチャーなどをしっかり観察し，気を配る。
- ピアメディエーターは対話を落ち着かせ，合意を創り上げていく。
- ピアメディエーターは合意の確認を行い，記録する。
- 参加者全員で何かあった時，その合意が守られなかった時などのアレンジを確認する。
- 参加者全員でもし合意が出来なかった時には，次どうするのかを明確にする。

合意例
- 内藤さん，大橋さん双方の気持ちはお互いに理解したことを確認した。

- 待ち合わせで起こったことの，それぞれの事情と背景を確認した。
- 今後，内藤さんが寝坊しそうなときには大橋さんが協力することとした。
- 大橋さんが見たい映画を今度一緒にもう一度見に行く約束をした。

　学生同士のピアの場合，それぞれの気持ちをお互いが理解し，それを次にどのようにつなげるかという点が大切になります。その中では，もしかしたら，二人だけの問題ではなく，クラス全体，あるいは学校全体の話も出てくるかもしれません。その場合，学校，特に教師との信頼関係が強く求められることになりますし，学校全体としてのフォロー体勢も必要になってきます。

ステージ7　終了と　フォローアップ

主な任務・役割
- 話し合いのセッションを終了する。
- 必要に応じて，フォローアップを行う。
- ピアメディエーターが抱いている感情的な疲労感など解消する。

　ピアメディエーター同士の振り返りを教師がフォローする体勢が必要になります。

　今回の場合，大橋さんと内藤さんの様子を見ながら，フォローも必要になるかもしれません。

　学校内のスクールカウンセラーなど，専門家や他の先生，家族と協力してフォローアップする場合も時には必要です。

資料3　コンタクトをとる際の諸注意

❖1　電話に備える

　メディエーターとしてあるいはいろいろな立場や役割でクライアントさんと電話をすることも多くなります。電話は表情が見えない分，言葉や言葉の背景に注意深くなることが必要です。

❖受付時や関係者への連絡，アレンジに必要な事
（Mediation UK Training Manual in Community Mediation Skill P.291）

① 思いやりのある態度，プロフェッショナルな態度，そして適任者としての態度を準備をする。
② 自分の役割を自分自身で明確にする。
③ 聴く。
④ 電話をしている相手の気持ちや状況をしっかり読み取る努力をする。

電話をかけてくるクライアントさんは……
- ・怒っている　・聴きづらい　・疲労こんぱいしている
- ・自分自身を表現しにくい
- ・当惑している　・流暢に話すことができない
- ・メディエーションに理解が少ない
- ・聴く準備ができていない

⑤ その状況を増幅するような言葉やトーンを使わない。
⑥ あなたが話す時は……。
- ・はっきりとした声で話す。
- ・話し手の気持ちを理解する。

資料3　コンタクトをとる際の諸注意

- 挑発しない。
- 話し手が状況を明確化できるような質問をする。
- 特殊用語を使わない。
- 関連する詳細情報に注意を払う。
- 話し手に同じ情報を繰り返して尋ねることはしないように心がける。しかし間違った情報を記録として残さないようにすることは大切。

⑦　電話を切る前に，話し手がもっている要求や質問がいつどのように扱われるか話し手自身が理解しているかを確認する。

難しいと思われる電話の状況と対応

- お互いに過熱（オーバーヒート）しすぎてしまっていると感じているとき
　　まずは休憩をとりましょう。電話はいつでもかけ直せることを思い出しましょう。
- こちらから伝えている情報が理解されていないと感じるとき
　　時には中途半端な情報提供よりも，必要以上と感じられるくらい十分な情報提供のほうがベターな場合があります。いつも以上に詳細な情報提供を心がけましょう。
- 自分，あるいは話し手が聴いていないと感じられるとき
　　非言語でうなずいていても，相手には伝わりません。聴いているという合図を声で伝えることを心がけましょう（例：あいづち，繰り返し，質問など）。

❖2　電話対応で難しさを感じた時の17のステップ

Mediation UK Training Manual in Community Mediation Skill P.292)

- □ 1　話すのをやめる
- □ 2　大きく深呼吸する
- □ 3　本当のメッセージを聴く
- □ 4　話し手の怒りや当惑を理解する
- □ 5　解決の糸口やヒントがあるかどうか耳を澄まして聴いてみる
- □ 6　あなた自身が話す声のボリュームを下げる
- □ 7　議論したり，防御的にならない
- □ 8　話し手と電話の受け手の役割をはっきりさせる
- □ 9　個人攻撃をしない
- □ 10　電話を続ける準備ができている状況であることを明確に伝える
- □ 11　受け答えを明確に，そしてシンプルにする
- □ 12　話し手が電話を続けたいかどうか決めるようにする。あなた自身が確信している範囲内のみで話を続ける
- □ 13　判断するのを避ける
- □ 14　難しい状況が続くようであれば，あなた自身や組織のガイドラインを話し手が受け入れてくれるかどうか尋ねる
- □ 15　続ける意思を繰り返し伝える
- □ 16　必要があれば電話を終わらせる
- □ 17　すぐ振り返りを行う

資料3　コンタクトをとる際の諸注意

電話以外で手紙でコンタクトをとる場合もあります。

❖3　手紙を書く時のチェックリスト
(Mediation UK Training Manual in Community Mediation Skill P.293)

- □　伝えたいことを伝えていますか？
- □　状況にあった調子で書かれていますか？
- □　すべての情報は明確ですか？
- □　必要な情報はすべて含まれていますか？
- □　受け手にとって読みやすく，分かりやすい言葉で書かれていますか？
- □　名前と住所は正確ですか？
- □　誤解されるような文面はありませんか？
- □　攻撃的ではありませんか？
- □　ミスリード（間違った方向に方向付ける）するような文面ではありませんか？
- □　どちらか片方当事者の側のみにより解釈された文面ではありませんか？

その他，自分自身で考えて注意しなくてはならない点を以下に列記しておきましょう。

❖4 手紙のサンプル

A 申し込み人への手紙サンプル

(Mediation UK Training Manual in Community Mediation Skill P.294)

年　　月　　日

＊＊＊＊さま

前略
　先日は　　　（場所：例マンション）で起こっているお隣との状況についてお申し込みいただき，誠にありがとうございました。
　ご相談いただきました主な内容は
-
-
-

　ご説明させていただきましたように，私たちが次にできることは＋＋＋＋様（相手方）へのご連絡です。
＊＊＊＊様のご都合をお聞かせください。

　また，ご説明させていただきましたように，ご質問などがある場合,は　(例)毎週月曜日　10:00～15:00　△△（肩書（例：メディエーター，ケースマネージャー））の○○にご連絡ください。
　なお，他の機関にご相談をお申し込みされた場合も，おそれいりますがご連絡お願い申し上げます。

　既にご同意いただいた内容は以下の通りです。
-
-
-

草々
（肩書）　○○○○

資料3　コンタクトをとる際の諸注意

B　☆相手方への手紙サンプル（例）

(Mediation UK Training Manual in Community Meciation Skill P.295)

　申込者との話（電話，面談など）が終わり，相手方に連絡をいれます。電話をする，あるいは手紙を書くなどいろいろな方法がありますが，いずれにしても申込者が相手方に連絡することを同意してから連絡します。

　　　　　　　　　　　　　　　　　　　　　　　年　　月　　日

　　＋＋＋＋＋＋様

前略
　はじめまして（組織名）△△△△の○○と申します。ご近所のトラブルや問題などを当事者同士の方がお話し合いによって解決することをお手伝いする団体です。
　ご近所とのことでいくつか難しい点があるということを伺い，その点について＋＋＋＋様の状況やご意見を伺わせていただけないでしょうか。
　わたしたちは秘密を守ります。それぞれから伺ったお話は承諾がない限り相手，第三者にお話しすることはありません。
　トレーニングを受けた相談員が＋＋＋＋様の考えを聴かせていただくことで，難しい状況に対して何らかのお手伝いできるのではないかと考えております。

　大変おそれ入りますが，私ケースマネージャーの○○まで○月○日○時にお電話いただけないでしょうか？

　又は，□□様の家に○月○日○時に伺いお話を伺わせていただきたいと考えてます。
　又は，当センターで○月○日○時にお話しを伺わせて頂きたいと考えています。

　私どもの経験を生かし，できるだけ早い時期にお手伝いさせていただけると幸いです。
　ぜひ○日○時までにご連絡お願い申し上げます。

　　　　　　　　　　　　　　　　　　　　　　　　　　　　草々

　　△△（肩書（例：メディエーター／ケースマネージャー／その他））○○○○

資料4　Meadiation UK 作成の映像資料から

(Mediation UK Community Mediation Video Trainer's Notesより　第2部（P 9～P24）台本を翻訳)

　身近な事例を考えながら，メディエーションに必要なコミュニケーションの仕組み，プロセス，各ステージ，スキルを見てきました。メディエーションは非公開であるため，実際のメディエーションの現場で何が起こっているのかを多くの人に見ていただくことはできません。また，例えば同じ事例（例えば騒音など）に見えても，そこにかかわる人によって展開も，結果も全く異なります。

　そこで，イギリスのトレーニングなどではビデオを利用して，その場で起こっていることをトレーニングに参加している人全員で考える方法が取られることがあります。

　後半は実際のメディエーションを再現したシナリオです。シナリオを見ると具体的な展開がイメージできるかと思います。

　このビデオは，今回一部翻訳を手がけたMediation UK Training Manual in Community Mediation Skillsと同時に発売されたトレーニング用のビデオです。構成は下記のようになっています。

1　第1部（15分）

　実際にメディエーション組織で活躍しているメディエーターのインタビューと座談会で主に以下について説明されています。

- メディエーションとは何か。
- メディエーションの目的は何か。
- どんなときにメディエーターが必要になるか。
- メディエーション利用のメリットは何か。

　このビデオの中では，被害者／加害者　医者／患者　環境，そしてピアメディエーションのデモンストレーションが含まれています。

資料4　Meadiation UK 作成の映像資料から

2　第2部（20分）

　シナリオではメディエーターの行動，特に視線の送り方，メモの取り方などが解説しきれていないのですが，ビデオの中ではそれらをズームを交えて映像化しています。

　トレーナーがデモンストレーションとして全部を見せたり，一部を見せることでトレーニング教材として利用できるようになっています。

　ビデオの説明書の中で，Mediation UK はもちろん，このビデオの台本が両当事者が話し合いたい課題を扱うという点で一番よい方法や一番正しい方法を示しているわけではないことを解説しています。しかし，どのようにメディエーションが流れているのかというのはかなり分かりやすく映像化しているといえるでしょう。

　特に，わが国では従来あまり考えてこなかった申込者，そして相手方への対応が描写されている点は参考になる点が多いかと思います。また，メディエーションの合意書のイメージなども分かりやすく映像化されています。

　映像でご紹介ができないのが残念ですが，メディエーションを申し込んだ人，相手方，メディエーターの会話，進め方などイメージしていただきやすいと考え，今回シナリオの翻訳を掲載しました（P.251）。

3　第3部

　トレーニングで実際に使う練習用のパートです。

　メディエーターとAさんBさんの話が一回あり，「このあとメディエーターはどう言うでしょう」という形の練習用のビデオです。

　このビデオが面白いのは実際の話し合いの場面でなく，AさんBさんの家を個別に訪問している場面に重きが置かれている点です。メディエーションというプロセスが，両者がそろう話し合いだけではなく，その前段階が非常に重要な核となっていることをあらわしていると言えます。

　本文でも解説したように，日本では電話が一般的かもしれませんが，イギリスのメディエーションはそれぞれの家を訪問して両者の話を聴きます。

　次の「7つの短いシナリオ」も，それぞれの家を訪問しているシーンですが，電話でも全く同様のことが起こりえます。

資料4　Meadiation UK 作成の映像資料から

❖ 7つの短いシナリオ

（Mediation UK Community Mediation Video Trainer's Notesより第3部（P25〜P27）を翻訳）

1　ポジションとインタレスト（その人だけが考えている状況と本当に大切に思っていること）

　Aさん宅を訪問しているとき

メディエーター

「この問題をどのように見ていらっしゃるのか，少しお話させていただいてよろしいですか？」

Aさん

「そうですね，あの人はわがままで自分勝手なんですよ。あの犬が私の芝生をドロだらけにしないようにさせるべきだし，ずっと犬は家の裏につないで置くべきなのよ。」

メディエーター

> ここにセリフを入れてみましょう

2　Aさんが顔と顔を合わせた話し合いをしてもよいと思う気持ちを安心してあらわせるようにするためには（Part1）

メディエーター（顔と顔を合わせた話し合い）の説明をしています。

「……これからBさんと一緒にこの問題を解決することについてどう思いますか？」

247

資料4　Meadiation UK 作成の映像資料から

Aさん

「Bさんは協力しないと思いますよ。そもそも解決するためには，あなたがBさんのところに行ってくれればよいだけじゃないですか？」

メディエーター

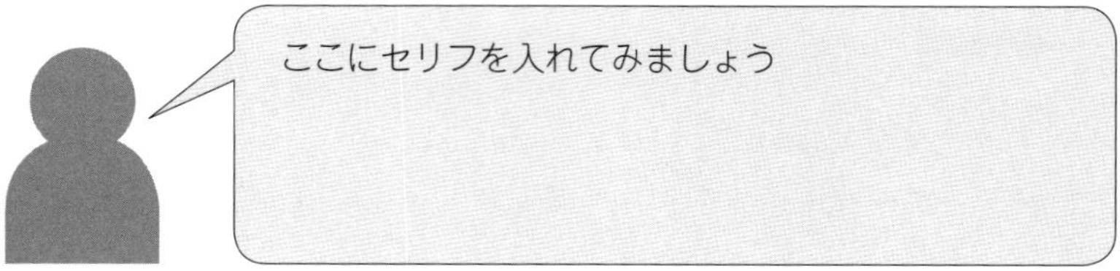

> ここにセリフを入れてみましょう

③ Aさんが顔と顔を合わせた話し合いをしてもよいと思う気持ちを安心してあらわせるようにするためには（Part2）

メディエーター

「私たちがBさんとお会いすることに，何か支障はありますか？もしBさんが話し合いを持ちたいと思われたら，どうされますか？」

Aさん

「まー，Bさんは，ただ叫び始めるだけだと思いますよ。それで私もカッとなっちゃうんですよ。」

メディエーター

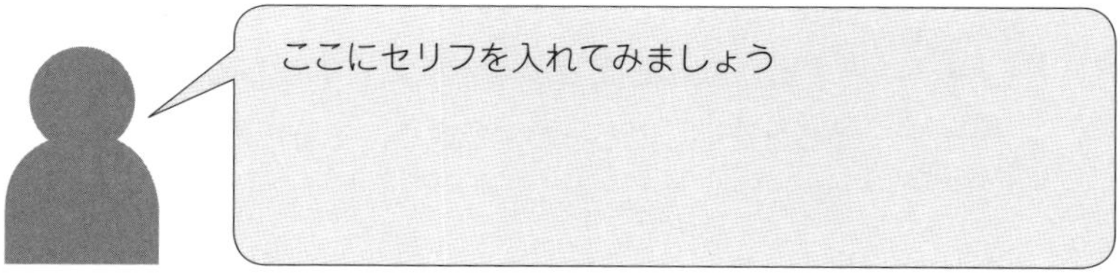

> ここにセリフを入れてみましょう

248

資料4　Meadiation UK 作成の映像資料から

④　Bさんの家のドアの前にいます。メディエーターはまず名乗り，ちょっとした自己紹介をしました

Bさん（メディエーターを家の中には入れようともせず）
「あぁ，確かにあなたたちが来るっていう手紙は受け取りましたよ。それで何をしたいんですか？」
メディエーター

> ここにセリフを入れてみましょう

⑤　守秘義務について（Bさんの家の中）

Bさん
「で，あの年寄りは，あんたたちになんて言ったんだい？」
メディエーター

> ここにセリフを入れてみましょう

249

資料4　Meadiation UK 作成の映像資料から

⑥ Bさんが　顔と顔を合わせた話し合いをしてもよいと思う気持ちを安心して表せるようにするためには (Part1)

メディエーター（顔と顔を合わせて話し合いの説明をしながら）

「……それで，私たちは一つのテーブルを囲んで問題を解決してみよう思うのですが……」

Bさん

「だって，それはあの人の問題で，私の問題じゃないでしょ？　大騒ぎする必要なんて何にもないですよ。それに私は彼が私の人生を変えてやろうって脅かしにおびえてなんかないから，大丈夫です」

メディエーター

> ここにセリフを入れてみましょう

⑦ Bさんが　顔と顔を合わせた話し合いをしてもよいと思う気持ちを安心して表せるようにするためには (Part2)

メディエーター

「駐車場の件でBさんと問題があるとおっしゃっていましたが，顔と顔を合わせた話し合いで取り上げたい課題はありますか？」

Bさん

「はい。でもどうしてこんな大きな課題を取り上げなくちゃいけないのか，私は分からないんですよ。Bさんはかんしゃく持ちなんですよ，特に飲んでるときなんか……」

資料4　Meadiation UK 作成の映像資料から

メディエーター

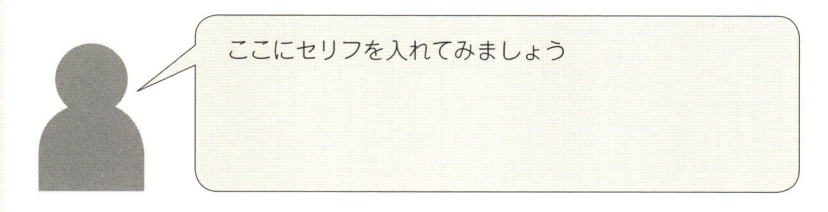

> ここにセリフを入れてみましょう

❖ビデオシナリオ

　メディエーションの中でのプロセスを具体的に示すために、次にMediation UK作成の映像資料（ビデオ）のシナリオを掲載しました。ドラマティックな展開ではないかもしれません。またこれはほんの一例にすぎません。メディエーションを通して、両当事者の方たちがどのように変化していくのかを見てみましょう。

① **それぞれの事情を聴く（それぞれの家を訪問）**

　　登場人物

マクブライド夫妻（デビッドとローズ），ハーマンとレオニー，メディエーター1・2

　　The Dispute　もめごとの内容

　マクブライド夫妻（デビッドとローズ）は三人の子供と5階建てのマンションハーディーハウスの109号室に住んでいます。デビッドは上の階から聞こえてくる部屋の改装工事の音に悩んでメディエーションサービスセンターを訪れました。作業は夜遅くまで行われ、家族全員、特に子供たちにとって悩みの種だったのです。

　デビッドの主張では、彼が上の階のカップル、ハーマン・ジェイコブとレオニー・パリスに話に行ったにもかかわらず、そこでののしられ、こわい思いをしたとのことです。

　デビッドはメディエーションサービスに相談しに行きました。

251

資料４　Meadiation UK 作成の映像資料から

ステージ１　片方の当事者（Aさん）との最初のコンタクト
The McBrides' Flat　（マクブライド家の部屋）

デビッド	あの音にはどうにも我慢できないんです。 彼に時間を合わせなくちゃいけない感じなんです。 ローズはただただ子供を落ち着かせなきゃならないんです。 のこぎりの音，ドリルの音，ハンマーをたたく音，とにかくひどいんですよ。
メディエーター１	いつそういうことが起こるんですか？
デビッド	四六時中です。毎晩真夜中です。
メディエーター１	最近はいつでしたか？
デビッド	先週の金曜日でした。夜の９時半に始まって明け方の５時過ぎまで続きました。何をやっていたんだか全く分かりませんよ。 私たちは眠ることもできないんですよ。彼が上の階で起きて何をしてるのかも分かりません。それもこんな広くもないアパートでですよ。今までで３回は床を張り替えているに違いありません。
ローズ	私はデビットに，彼は何か言いたいんじゃないかって言ったんです。 「持ちつ持たれつ」これが私たちのモットーなんです。 でも，こんなことが起こったので子供たちは夜通し起きてなくてはならなくて……。 疲れ過ぎて朝学校にも行けないんですよ。だから私も子供たちの面倒をみなくっちゃいけないし。 いつでも，バタンバタンという音や何か壊す音が聞こえてくるんですよ。 念のために家族として言っておきますが，あなただっておとなしい黒人に会ったことないと思いますよ。
メディエーター１	この場は私の経験をお話する場ではありませんので。 あなたはどうですか？
ローズ	そうですね。私はそんなたくさんの黒人を知りませんよ。でもレオニーとハーマンは……。あなただって彼らと話せないわっ。きっと。 彼らのところに行って，試しに会ってみようと思っても，何にも良いことなんてないでしょう。

252

資料4　Meadiation UK 作成の映像資料から

	本当に残念だと思いますよ。だって私とレオニーはとっても良い友達だったのですから。 それまでは，おしゃべりしたり，ショッピングに出かけたり，うわさ話に花を咲かせたりしましたから。ああ，有名人についてのことや難しいこと，例えば政治のこととかいろいろです。 でも，もう嫌です。今では考えられません。金輪際ありえません。 聞いてください。彼らは重要な問題を抱えてるんですよ。それはこういうことですよ。いいですか。 彼女は彼より二回り以上年上なの。だから彼は彼女の言いなりなのよ。彼はまだひよっ子で，日曜大工のスタッフとしてふりまわされているんです。
デビッド	まったくです。私たちは家を「工場」って名前に変更しなくちゃいけないみたいな感じですよ。 ローズは私が眠れるようにするために子供たちをどこかに連れて行かないといけない，そしたらハーマンがまた作業を始める，こんなことで気が狂いそうです。 そうなるとパブに行って気を落ちつけないといけません。でも気をつけないといけないんです。私はお酒を飲むと……。
ローズ	デビッド
デビッド	夜中に行くんですよ。私は10代のころ，お酒を飲んだがために，けんかしたことがあって。それはつらい経験でした。怒って，またパブにいって，また飲む……
ローズ	デビッド，そのことについては言わないで。

confidentiality issue　守秘について説明

メディエーター1	ああ，ローズ。覚えていていただきたいのですが，ここで私たちの話したことはすべて秘密です。 私たちがあなたのご近所のことについて話したことだけが，あなたが特に私たちにお聞きになりたかったことと理解してよいですね？
ローズ	そうです。じゃ，この騒音についてどうなさっていくんですか？　私たちが眠りたいということとこれ以上日曜大工を続けて欲しくないということを彼らに言ってくれるんですか？

資料4　Meadiation UK 作成の映像資料から

> Explaining role and process　役割とルールの説明

メディエーター1	そうですね。もしお2人のお許しがでれば，私たちはハーマンとレオニーのところに行って，あなたたちがDIYの音，特に夜遅くの音で困っていることをお話します。 その上で，もしご希望であれば，ハーマンとレオニーが何と言っているのか，私たちがあなたたちの話を聞いたように聞いてきます。 その後，もしピーターと私をメディエーターとして賛同していただければ，私たちはみなさんにとって良い方向に行く約束ができるように話し合いをすすめることになりますが。
デビッド	それは良さそうだ。
ローズ	それがいいわ。

> ステージ2　もう一方の当事者（Bさん）との最初のコンタクト

> レオニーとハーマンの部屋

メディエーター2	今日は私たちをこの部屋の中に入れていただいてありがとうございます。ご送付したお手紙で既にご連絡したように，先日ご近所，下の階のデビットとローズの家を訪問しました。そこで，今日私たちはお二人が抱えていらっしゃるかもしれない問題について話そうと思います。その上で，メディエーションのプロセスについて少しだけお話できればと思います。
レオニー	私とローズは衝突する前はとってもいい関係だったんです。それが今は彼女は全く別人の様で私の顔を見たとたん口を閉じてしまうのです。彼女は一言も何も言わないし，全く私を無視するんです。
ハーマン	そうなんですよ。無視するってことは人を攻撃することの第一歩ですよ。 このことについて私に起きた話たくもないことがあるんです。
レオニー	私は。
ハーマン	聴いてくださいよ。どうか私たちの視点で聴いてください。いいですか？ あなたの周りを見てくださいよ。きれいですよね。片付いてますよね。きちんとしてますよね。すべてが整然としてますよね。彼らはどんな文句を言っているんですか？

254

資料4　Meadiation UK 作成の映像資料から

Channeling disucussion to more consutructive mode　建設的な話につなげる	
メディエーター2	今ここで何が大切なのかということはこの問題についてあなたたちの体験をお聞きするということなんです。
レオニー	それは私が今言っていることですよ。 彼らはいつも天井をバンバン打ちつけるんです。 彼らはそれを言わなかったんですか？

Confidentiality issue　守秘について説明	
メディエーター2	あなたと私たちの話が秘密であるのと同じように，私たちは彼らが私たちに何と言ったかをそのまま言うことはできません。でもあなたの問題は何なのかのお話を続けていただけませんか？
レオニー	私が理解できないのはなぜ彼女がここにやって来て礼儀正しく話ができないのかってことです。 もし彼女の子供たちが庭でひどく騒いでも，私は子供たちに向かって叫んだりすることはしません。 あるいは，もし日曜の朝，それも夜明けに壁を通して聞こえてくるテレビの騒音を聞かなくちゃいけなくてもです。
ハーマン	全くです。こちらは寝てるんですよ。冗談じゃないですよ。家に子供がいて，それも3人もいて，ドアをバタンバタンしめたり，彼らを押さえつけるのに叫ぶ声ですよ。 私たちはこのことについて苦情を言っているんです。
レオニー	別のこともありますよ。ローズと子供たちが話をしていてご覧なさい。このアパートの全部の人が何について話しているのか聞こえてますよ。
ハーマン	そうです。私たちに何ができるんでしょうか？つまりこれ以上悪くならないようにね？
メディエーター2	そうですね。もしお望みならば，次の段階は，中立的な場所でメディエーションをすることなのですが。私たちはメディエーターとして，できれば何か今後のための約束事を持てるようにミーティングをするのですが。

ステージ3　AさんBさんがお互いの意見や気持ちの衝突に向き合う準備をする

両者がそろって話したい課題

● マクブライト夫妻（デビッドとローズ）	・上の階（ハーマンとレオニー）から聞こえてくる日曜大工の音がうるさいと感じている。 ・レオニーがいろいろな人に自分の悪口をいっているように思う。

資料４　Meadiation UK 作成の映像資料から

● ハーマンとレオニー	・ローズとの関係がよくない，以前は仲がよかったのにこのごろ上手くいかなくなった。 ・音がうるさいのならきちんと話せばいいのに，天井を突く。 ・マクブライト夫妻の子どもたちやテレビやステレオの音がうるさい，また子どもを注意するローズの声も気になる。
● メディエーターが特に気をつけようと心がけていること	・それぞれが音をうるさいと感じている背景をお互いに明らかにする。 ・お互いが何を一番伝え合いたいのかをお互いに聴ける場をつくる。 ・それぞれのこれからの生活のために，お互いに何ができるかを一緒に考える。

② 両者がそろった話し合い　Neutral Location（中立的な場所）

ステージ４　両者との話し合いの席でAさんBさんそれぞれのお互いの課題をお互いに聴く		
メディエーターの役割	話し合いをスタートする：メディエーターの役割と話し合いの基本的な約束（グランドルール）を明らかにして，参加者が安心して参加できるような場を設定していく
メディエーター１	まず私たち自身のことについてお話させていただきますね。私たちはみなさんと将来のために，基本的で，前向きな約束をみなさんと一緒に見つけ出し，それを試してみるということのためにここにいます。よろしいですか？ ではまずどちらかのお二人に途中で切ることなくお話いただき，その後，もう一方のお二人にお話いただきたいのですが。そのもう一方のお話も同様に途中で遮るということはないということで。そのためにもお互いに悪口を言うことはしないでいきたいのですが，よろしいですか？（と両者に確認） では，デビッドかローズ？　誰が最初にお話されたいですか？
ローズ	私はしり込みしないたちなので。私から話します。 ハーマン，あなたのひどい日曜大工は私たちの生活を台無しにしているのよ。
レオニー	まったく信じられない！！

話し合いの妨害や中断を防いで，話し合いを建設的に進めていく

資料4　Meadiation UK 作成の映像資料から

メディエーター1	レオニー，お互いに話を遮らないと約束しましたよね。だから今回はローズの話が終わるまで待ちましょう。よいですか？（レオニーうなずく）ありがとう。
ローズ	前にも言ったように，私たちへの配慮ってものがないのよ。真夜中にバタンバタンしたり，何か直したりしてて。 それに，音がこんな長く続くと思っていなかったわ。 もう今となっては話になりません。こんなに長い間音を立て続けるなんて。 子供たちは眠れないし，私たちだって眠れない。 一番上の子供は学校の成績も下がるし。
レオニー	ローズ，聞いてちょうだい，あなたの子供たちが。
メディエーター1	レオニー，もうすぐあなたが話す順番になりますから，今はローズが終わるまでね。
デビッド	ローズが言ったとおりだよ。私たちは正気なんかじゃいられないよ。 なんで，いつもいつも，そんな非常識なことをし続けているの？

話を要約する

メディエーター2	では，ここでデビッドとローズが私たちにお話したことを少しまとめさせていただけたらと思います。 一番大きな問題はハーマンが行っている日曜大工の作業のことのようです。 お話によるとその音で眠れなくなり，そして子供たちも眠れなくなっているのも心配ということでよろしいですか？ では，ハーマンとレオニー，今度はあなたたちの体験についてお話いただく番です。どうぞ。
ハーマン	まず第一に言いたいのは，私たちは市民として特別に努力もしてきたし，お互いに思いやりをもって生活してるってことです。 でもあなたやあなたの子供たちは，特にあなたの一番上の子供は少しばかり嫌な感じで育ってるんじゃないの？
ローズ	はぁ？　なんておっしゃったの？

暴力を防ぎ，安心して話し合いができる場として調整する

257

資料4　Meadiation UK 作成の映像資料から

メディエーター2	基本的なルールについてもう一度言わなくてはいけませんね。私たちは悪口を言わないことを約束しましたね。
ハーマン	すみません。彼がまだ子供だということは分かっていますよ。でも，彼はいくつ？9歳？彼は既に私に話していることは分かってるじゃない？私に言ったたくさんのこと，聞きたいですか？

ステージ5　メディエータとAさんBさん，参加者全員がそれぞれ課題について一緒に考えていく

その場にいる人のことと，話し合いたい論点に焦点をしぼる

メディエーター2	そうですね。後でここにいる以外の人に参加してもらう機会が必要かもしれませんね。でも今はここにいる人だけのことに集中する時間にしましょう。 さて，他に言いたいことは何かありますか？
ハーマン	はい。えっと，彼らが言っている私が出している騒音ついてです。これは毎晩じゃありません。そこは，はっきりさせておきたいです。 たいていの時間は働きに出てます。私がバタンバタンとしたり，日曜大工をしている時間？そんなことする時間がありません。私は仕事から帰ってくると疲れてますので。
レオニー	ああ，それと他のこともです。ハーマンはまともに眠れないのよ。あなたたちが天井をゴツンゴツンたたいたり，騒々しく動きまわったり，人を不快にさせたりするから。

問題を明確化していく

メディエーター2	レオニー，人を不快にさせるってどういうことですか？
レオニー	そうね。子供たちのことよ。彼らはいつも壁にボールを打ちつけるのよ。それをガラス越しににやにや見てるの。 何があったのか私は知らないけど，私たちが以前は友達だったことをメディエーターさんにお話したのかしら。 私信じられないんです。 今の私たちの状況を見てくださいよ。

話を要約する

メディエーター1	分かりました。レオニー，ハーマン。お二人が心配していることを今まとめますね。 何か機会があるときには日曜大工をしているということ。そして天井をバンバンする音に困っていて，下の階の子供の騒音にも困っているということですね。

258

資料4　Meadiation UK 作成の映像資料から

〜中略〜

レオニー	私が大きな問題だって思うのはあなたの家族のことよ。彼らは私たちに嫉妬してるのよ。 私たちを悪く見ることしかできないのよ。私はあなたたちが人種差別主義的な話をするのも聞いたのよ。
ローズ	レオニー，私の家族のことを知っているのなら，私が人種差別主義者じゃないことはあなた知っているでしょう。 私が望んでいるのは，寝る時間が欲しいってことだけなのよ。

▶ いつ，どのように，話が妨害されたり，中断されているのかを再考する機会を提供する。人種問題の話題から離れてみる

メディエーター1	人種についてがあなた方のもめごとの争点ですか？
レオニー	それはたいした問題ではありません。問題は彼女の家族です。
ローズ	私に関しては違います。
メディエーター1	では，この時間はローズの家族のことから少し離れて，両方の家での問題について集中したらどうかと思うのですがどうでしょう。 では，チョット戻って，えっと，日曜大工の件について話しましょうか？
ハーマン	私たち堂々巡りしてるんです。私は，ローズが私たちの立場で聞きたくないっていう理由が分からないんです。
ローズ	どうしてあなたは私を責めようとするのかしら。 変わろうとしないのはレオニーの方よ。 あなたがた二人とも筋違いってもんよ。
デビッド	そうだよ。我々が頼んでるのは少し子供や我々が夜眠れるようにして欲しいってことだよ。 でも，こんな話し合いを続ける意味がないってのは分かったよ。
レオニー	分かったわ。もし時間を無駄にしたくないのら今日は終わりにしましょうよ。 彼らは私たちが変わることを要求し続けるんでしょう。

259

資料4　Meadiation UK 作成の映像資料から

	全くナンセンスよ。現実的には天井をバンバン突いたり，彼らの子供の態度が悪いんだから。
ローズ	どうして私の子供たちをそんなに邪険にするの？

ステージ6　合意を一緒に創っていく

話し合いが前向きな方向に動くように方向づける（リフレイミング）

メディエーター2	この段階で何か約束できることがあればと思うのですが，この方向ではたぶんあまり話を進められないと思うんです。私たちは共通の問題点について話し合うことを約束し，もし私たちが今出た問題点の一つをもう少し詳しく見てみたらもう少し身近な約束事ができるんじゃないかと思うのですが。 例えば日曜大工について，話してみませんか？
ローズ	いいですよ。もしハーマンが日曜大工をストップしてくれたら，そもそも問題は起こらなかったでしょうから。
ハーマン	そう。それは大した問題じゃないよ。 やらなければいけないことはほとんど終わってるし。 たしかに時々遅くに作業していることは分かってるよ，でもそれは私が時間をとれる唯一の時間なんだよ。 何時に止めるべきと思ってるんだい？ （メディエーターを見る）

メディエーターに決めて欲しいという依頼や要求に対して，メディエーションでは，当事者たちが自分で決めるということを明確にする

メディエーター1	そうですね。これはみなさん全員が決めることですね デビッド，これについてのお考えは？
デビッド	そうだな〜。キャサリンはたいてい7時にベッドに入るから，それ以降は静かにしてもらいたいです。
ハーマン	いつもそんな時間までに家に帰れないよ。末の工事を終わらせないといけないんだ。リビングルームを使えるように戻す必要があるから。

話し合いをより進展させるために，以前出された発言をピックアップする

メディエーター1	ハーマン。少し前にもうすぐ終わるって言っていましたが。あなたが話していたのはその床のことですか？
ハーマン	そうです。終わらせないといけないところがほんの少しあるんだ。それを仕上げる作業がうるさいんだ。

資料4　Meadiation UK 作成の映像資料から

	大体今週には終わると思うよ，もし週末に作業できたら。
ローズ	そう。もし土曜日に作業できたら，それは終わるってことね。次の仕事までには!!
レオニー	土曜日は人種差別反対運動に参加するから留守にするわ。
ハーマン	そうだ，金曜日の夕方と日曜日ならできる。そして家ではもう作業の予定はないよ。模型づくりに取り掛かりたいし，そっちは音は出ないから。
デビッド	分かったよ。もし金曜日の夜9時までに作業が終わって，日曜日昼間に完全に終わるんだったら，生活できるって信じるよ。これで大丈夫だよね？
ローズ	そうね。多分そうなるわ。その音を聞かない時にはじめて今の言葉を信じることになるでしょうけどね。

話し合いたい課題について進め，合意をさらに発展させていく

メディエーター2	日曜大工については基本的な約束ができたようですね。今，ハーマンは少なくとも日曜には大工仕事が終わり，そしてしばらくは夜には作業しないと言いましたね。これはよろしいですか？みなさん，この選択肢に納得されましたか？（と全員の顔を見る）それでは次の論点に移りたいと思います。さて，レオニーあなたが言っていた天井をバンバン突つく音についてですが。
レオニー	彼女はいつも天井をバンバンさせるんです。何かお決まりの文句を言いながら。
ローズ	ねえ，私はいつもハーマンが日曜大工をやっている時に天井をバンバン突くだけよ。もし彼が作業をやめたら，する理由がなくなるわ。
メディエーター2	それでは，もうこれ以上天井を突くのはしないということですね。
デビッド	彼らの騒音が止まればする必要はないです。でももし彼らが守らなかったら，またします。
ハーマン	今，約束したじゃないか。どうして天井を突つき続けるんだい？　もし何か問題がある時は，家に来てドアをノックすることが，あなたがしなくちゃいけないことだろう？僕たちが君たちの頭を噛み切るとでも思ってるのかい？

資料4　Meadiation UK 作成の映像資料から

> 合意を発展させていく

メディエーター2	ハーマンの提案はいかがですか？ 満足されていますか？ 将来，何か問題が起こったときのことを言っています。それはその時は上の階まで来て，そのことについて話し合おうというもので，天井をバンバン突くということではありませんが。
ローズ	ええ。もしきちんと話を聞いてくれるのだったら，上に行くつもりよ。
レオニー	私たちは怖がらせなんかしないわよ。 私は一度だって私のドアのところから人を帰らせたことなんかないもの。もう少し良識をもってに話してくれれば。それが私が望むことのすべてなのよ。もう少し礼儀正しく，もう少し良識を持って。

> お互いに認め合い，確認しあう

メディエーター1	今だいぶ進展が見られたように思います。 私たちは日曜大工の騒音について合意しました。 それがストップしたら，天井をバンバン突く音についても，将来騒音について問題が起こったときにはお互いに話をすることもです。 では，次の論点に移りましょうか。 さて，ハーマンとローズ，あなたたちは子供たちの態度について心配していましたね。

〜中略〜

OK．私たちはすべて約束できましたね。では私たちが約束したことを確認するために読みますね。

1　ハーマンは来週の9時以降，騒音をたてない。そして日曜昼までには完全に作業を終わらせる
2　お互いに納得した時間を調整できないときは，ハーマンはデビッドとローズに伝える。
3　将来騒音が出る作業をするときは，ハーマンはデビッドとローズに作業時間を確認する。

資料４　Meadiation UK 作成の映像資料から

4　デビッドとローズは，何か問題が生じたときは，天井をバンバン突くのでなく，ハーマンとレオニーのところに行く。

5　デビッドとローズは，日曜の午前9時前までは子供たちを静かにさせることに努める。

6　デビッドとローズは，日曜の午前9時まではステレオをつけないようにする。

7　ローズは，レオニーとハーマンのことについて他の住人に話をしない。

8　ローズとデビッドは，子供たちのレオニーとハーマンに対する挑発的な態度や言葉について子供たちと話し合う。

9　将来何か問題が生じた時は，すべての人がこのサービスに連絡をとってもよい。

さて，今日午後あなたたちがここに来て作った約束のコピーです。
ここに全員来てくださり，このように大変なことに取り組んでくださったことを感謝したいです。
何か月か後に，すべてがうまくいっているかお聴きするためにご連絡しますね。
それでは　もしあなたたちから私たちに連絡する必要があったときのため，私たちの電話番号はお持ちですね。
どうもありがとうございました。

ステージ7　終了とフォローアップ
全員握手と感謝

資料5　翻訳用語一覧表

翻訳用語一覧

　今回Mediation UKの「Training Manual in Community Mediation Skills」を翻訳をするにあたり，英語の言葉をニュアンスから考えてみるという作業を試みました。というのは，私が海外でメディエーションの話をしていると，日本で使われているニュアンスと微妙に異なるような印象を受けることが多かったからです。言葉は使われる時，場所，人によって微妙に意味合いを変えていきます。そのため，今回訳した言葉も，いつも，この訳し方が正解とは限りません。しかしながら，その微妙な意味やニュアンスを考えて訳すということを，これまであまりしてこなかったのではというのが，正直な感想でした。今回この試みを通して，いわゆる専門用語というもつ言葉のニュアンスを少しでもお伝えできれば幸いです。

conflict

　従来，対立や葛藤と訳されることが多いですが，conflictとは言葉としての語源は，共に打ち合うという意味であり，もともとは戦争時の衝突や闘争を意味していました。日本では「葛藤」という漢字が表すように，もっといろいろねじれてしまっている状態を表す意見も多いかもしれませんし，当事者の方によっては「衝突」している方もいれば，「ねじれ」こんでしまっている方もいます。本書では，「衝突」にねじれてしまっていることも含めて「お互いの意見や気持ちの衝突」という意味でとらえました。

conflict-management

　ManagementはManagementの後に人が来る場合Controlつまり管理するといいう意味になりますが，事柄が来る場合Conduct，つまりどちらかというと，その場を整えたり，全体をまとめていくという意味が強くなります。そこで本書ではConflict-managementを「お互いに衝突している状況下での場を整えること」としました。

co-mediator

　ロンドンのコミュニティメディエーション機関では，多くの場合メディエーターは2名で行います。一緒にメディエーターとして活動する人という意味で「協同メディエーター」と訳しました。

conflict-resolution

　resolutionは語源的にdissolutionという言葉から派生したものです。これは

264

「構成する要素に分解する」という意味で，そこから決断，決心と言葉の意味が変化していきました。その後の言葉の歴史を見てみても，resolutionには決心という意味合いのニュアンスが強い言葉になります。　そこで本書ではconflict-resolutionを「お互いの意見や気持ちの衝突を何とかしようとする本人の決意」という意味でとらえました。

dispute

まさしくADRのDにあたるdispute。日本語ではConflictとあまり区別されることなく訳されてしまっているのかもしれません。　Disputeは論争（ディベート）や論争的な話，反論，競争などの意味にあたるものです。つまり，ADRは既に口論や論争になった時点での裁判に変わる解決方法であり，上記conflictはニュアンス的にはもう少し初期段階，つまりconflictがエスカレートしてdisputeになるという意味合いが強いのかもしれません。　Dis（離れた，バラバラになった）＋putare（思い，考え）がdisputeのもともとの意味になります。　Conflictとの違いを考えるためにも本書ではDisputeを口論や言い争いと訳しました。

empower

エンパワーはもともと他動詞の動詞であるため，日本語では「○○を力づける」あるいはそのまま，例えば「両者をエンパワーする」と訳されてきました。しかし，英語としての言葉のニュアンスやパワーの語源にもともと「能力」など含まれるように，第三者が力づけるのではなく，どちらかというと生まれながらに持っている力が発揮されるにニュアンスであると思われます。そこで本書ではエンパワーを「そこにかかわる人と人や社会のかかわりの中で，それぞれの人が本来もっている力を実感し，その力を豊かにしていくこと」と訳しました。

encourage

courageが「勇気」と訳されることが多いことから，encourageは「勇気付けれる」と翻訳されることが多いように思います。もともとのcourageの意味は気持ち，精神，人間の本質の元となる愛情や心を意味します。そしてenは中に入れる，位置に着かせるという意味があり，それが合体した単語になりました。本書では，「その人が本来持っている気持ちや事情を安心して表せるようにしていく」としました。

face to face meeting

これが従来わが国で，同席とよばれている話し合いのスタイルです。メディエーションそのものがこの同席での話し合いとイコールと考えている方も多いかもしれませんが，メディエーションのプロセスの中には，本書でしめしたとおり，ステージが分かれているだけでなく，話し合いの方法も多様です。本書では「顔と顔を会わせた話し合い」と訳しました。

interest

メディエーションの考え方の中で最も大切な考え方，IPI（Issue, Position, Interest）があります。　Interestは「関心」，「利害」などと訳され，メディエーションの考え方として概念的に理解するのが少し難しく，著者自身もinterestの代わりにNeeds（ニーズ）という言葉を

資料5　翻訳用語一覧表

用いたりしていました。しかしニーズもまた日本語では「市場ニーズ調査」という言葉があるように，概念が日本語とメディエーションでのニーズが少し違うかもしれないというのが，最近仲間としている議論でした。

　Interestの語源を調べてみると，15世紀に法律用語としてconcern（懸念）やright（権利）として使われていた言葉に，18世紀にimportance（大切なこと）という意味が加わりinterestingという用語が派生してきました。このことからも本書ではInterestを「本当に大切だと思っていること」と訳しました。

issue

　上記IPIで最初に出てくるIssueですが，語源的には出口を意味する単語で，その後疑問に感じていることのポイント，結論に向けて一緒に考えることなどの意味に変更していきました。本書ではその意味を鑑み，「各自にとっての話し合いたい課題」としました。

mediation

　メディエーションは日本語では「調停」「仲介」「あっせん」「仲裁」様々な言葉で訳されています。しかし，日本語のそれぞれの言葉も使う人やシチュエーションによって意味が大分異なります。例えば仲裁は日本語では「ケンカの仲裁」という言葉がありますが，法律家やADRの世界で仲裁というのは「仲裁法」の仲裁になります。また第三者の役割を考えてみた場合，「調停」一つとっても，第三者である調停人がいわゆる仲裁のように両者の話を聴き出しながらも，結論を提示する方法や，今回ご紹介しているmediationのようにあくまでも結論を両者の方が出せるように，お手伝いしていく方法など様々です。そこで本書では今回メディエーションを日本語にせず，そのまま「メディエーション」という言葉を使うことで，本来メディエーションが持っている考え方が理念をお伝えしたいと思いました。

　またメディエーションにも様々な方法があり，それは英語でも概念が一致しているかといえば，そうではありません。例えば，今回紹介しているメディエーションは主にfacilitative mediationという理論に基づくものですが，そのほかにtransformative, narrative, problem solvingなどたくさんの種類があり，それぞれによって理念やプロセスが異なっています。

　またメディエーションは通常，顔と顔を合わせた話し合いの席をイメージすることも多いかもしれません。本書では7つのステージに示されたように，最初にクライアントさんのどちらかがコンタクトをとってくる段階からメディエーションと呼んでいます。

negotiate

　「交渉する」と訳されることが多いネゴシエーションですが，元々は話し合いを持つ，苦難を乗り越えるなどという意味でした。本書では「話し合いを持ちながら，お互いへの理解を深めていく」としました。

party

　口論や言い争いの当事者を指します。英語ではfirst party, second partyと言い，申込人，相手方という表現はあまり

266

使いません。コンタクトしてくる順番で分けている理解でしょう。申込人，相手方という表現を使うかぎり，申込人が希望するメディエーションを相手方が応諾するかという議論が生まれてしまい，メディエーションの自主性が失われてしまう表現になりかねないところが，翻訳上の頭を悩ませてところでした。しかし，日本の実情やイメージを考えるとき，適宜な翻訳が見つからず，本書ではfirst partyを申込人，second partyを相手方，both partiesを両当事者の方たちと翻訳しました。

position

IPNのPを表すposition。立場と訳されることが多いです。positionのもともとの語源positは状況，場所，思い込むという意味でした。そこで本書では，「その人だけが考えている状況」としました。

win-win

メディエーションでよく使われるwin-win（ウィン-ウィン）。日本語のWinには「勝つ」のイメージがあまりにも強く，「勝ち負けではない，両者が満足するwin-win」とお話をしても，どうしても日本語の「勝つ」のイメージが強くなり，ともすると「両者が勝つ」ととられてしまうこともあります。どちらかというと，「どちらも勝ったと思うほど満足する」というのが正確な表現なのかもしれません。もちろん法律家など裁判に携わっていらっしゃる方，あるいは交渉という分野にはこの言葉は分かりやすいのですが，例えば裁判のことなど全く眼中にないような場合，そもそも裁判と比較することもあまり意味をなさない場合もあり，逆に「win-win」という言葉を使うことで，メディエーションの考えと逆の意識付けをしてしまうのではないだろうかというのが私の長年の懸念でした。またわが国の状況や筆者自身メディエーションをさせていただき，どちらかというと「なんだかホッとしたな」というのがwin-winのわが国の実情なのではないかと思いました。

語源をみてもwinは勝利する（victorious）という意味で使われていたとしても古い言葉で，その後はgain（努力して手に入れる）とget（自然と手に入る）の間で並行的に使われていたようですが，その関係性はあまり分かってはいないようです。その後の言葉としての使われ方では，wealth（富，豊かさ）などが含まれていることからも，本書では，エンパワーの訳と並行する意味もこめて「お互いに，双方が豊かになった，あるいはホッとしたなと感じられる」という文脈で使いました。

あ と が き

　本書を手にとり最後まで読んでくださった皆様に心より感謝します。
　本書を執筆し始めた2011年3月，東日本大震災が起こりました。私自身，この震災では「家族」として多くの葛藤や様々な出来事を通して，人と人とのコミュニケーションということを深く考える時間になりました。また，人が人にかかわるということの難しさ，そしてその温かさにも触れる時間となりました。イギリスの友人や仲間からも多くの心配と励ましの連絡をいただきました。
　"Training Manual in Community Medeiation Skills" を翻訳するにあたり，まえがきにも書かせていただいたとおり，用語の問題は私にとってとても大きな問題でした。なぜなら言葉は文化であり，それぞれの文化の中で培われて使われているものであり，また時代とともに変化していくものでもあるからです。今回翻訳をしながら本書を書き進めるにあたり，どうやったら伝えられるのかという，私の悩みを快く受け入れて，いつも建設的な議論を共にしてくれた友人・仲間の温かい存在は，私がこの本の翻訳権をいただいた頃には考えられもしなかったことです。わが国で，メディエーションの広がりということを感じられたのも，本書を執筆する機会のお陰です。フェイスブックなどを通し，多くのみなさんとも議論ができたことは，時代の恩恵といっても過言ではないでしょう。お名前を一人ずつは挙げられませんが，みなさまのお陰で本書が出来上がりました。心から御礼申し上げます。
　若輩者の私を受け入れ，多くの機会とご助言をくださった諸先輩方の存在も忘れてはならないでしょう。恐れを知らぬ若輩者の意見を，いつも優しく受け入れてくださり，そして，様々な機会を提供してくださったからこそ，本書が出来上がりました。また今回快く事例を提供して下さった河合保弘さん，山口権治さんにも心から御礼申し上げます。
　本書の企画から出版にいたるまでのすべての過程で事例の現実性などを

あとがき

　考察するにあたり，日本加除出版の真壁耕作さん，そして鶴﨑清香さんには大変お世話になりました。専門書ではなく，誰もが分かりやすい「日本での」メディエーションの本を出版させていただくにあたり，企画としての難関も正直多かったと思います。その中で，読者の皆様と私をまさしくメディエーターとしていつも結びつけ，編集者として的確に，そして私をいつも温かく勇気づけてくださいました鶴﨑さんのプロの編集者としての姿を通す中で，メディエーターの心構えを常に学ばせていただく思いでした。また今回は天国からのメディエーターとして，亡き西川浩子さんの存在がありました。彼女との出会いがあり，本書の実現に至りました。本書を西川さんに捧げたいと思います。

　最後に，いつも辛抱強く，そして最大限の愛情で私を見守ってくれる家族，そして大好きな仲間たちに深く感謝を表したいと思います。いつも本当にありがとう。

　みなさんの周りでの実践，そして本書を通して考えられたことをお寄せいただけるととてもうれしいです。

　本書がわが国で，メディエーションの考え方をみなさんに知っていただき，これから共に考えていく機会の一つとなれば幸いです。

田　中　圭　子

著者紹介

田中圭子（タナカケイコ）

NPO法人日本メディエーションセンター代表理事・JMC研究所所長
家事調停委員

消費生活アドバイザー，消費生活専門相談員，産業カウンセラーの資格を有する。
　損保会社勤務後，国民生活センター（非常勤）等，勤務。
　社団法人消費生活アドバイザー・コンサルタント協会消費生活研究所研究員，電子商取引推進協議会（ECOM）ADRプロジェクト研究員，財団法人法律扶助協会理事などを経て2003年より現職

（主な経歴）
　㈶日本規格協会　裁判外紛争処理システム規格化TF委員（2005年）
　ADR・仲裁法学会理事（2007年より）
　保険オンブズマン運営委員（2011年より）

　　NPO法人日本メディエーションセンターでメディエーターとして活動する他，同NPO法人主催の講座，裁判所，司法書士会，行政書士会，土地家屋調査士会，社会保険労務士会，企業や行政，団体のメディエーション・相談・トレーニング，スーパーバイザートレーニングでトレーナを勤める。
　　トレーニングの詳細はhttp://www.npo-jmc.jp/delivery_training.html

著　書
『ADR活用ハンドブック　相談紛争解決機関ガイド』
　　　　　　　　　（大川宏，田中圭子，本山信二郎編）　三省堂（2002年）
『日本版金融オンブズマンへの構想―認定投資者保護団体制度を活かす道』
　　　　　　　　　（犬飼重仁，田中圭子）　LexisNexis（2007年）
『みんながHAPPYになる方法―関係をよくする3つの理論』
　　　　　　　　　（平和教育アニメーションプロジェクト）　平和文化社（2012年）
「海外の金融ADR制度―英国のオンブズマン制度を中心に―」
　　　　　　　（『金融ADRの法理と実務』）きんざい（2012年）山本和彦・井上聡編著

― NPO法人日本メディエーションセンター ―

　「市民による市民のための紛争解決・支援を目指そう」を出発点として，「市民のための司法制度改革検討チーム」内ADRワーキンググループより有志が集まり2003年に設立。
　メディエーションを通して，ご本人同士が自らの力で解決を見出す支援をすることをねらいとしている。
　一人一人はそれぞれのかけがえのない存在であり，それぞれのかけがえのない存在のために，メディエーションを通じ，みんなで協力できる「場」を一緒に創ることを目指す団体。
＊HPアドレス　http://www.npo-jmc.jp/

聴く力　伝える技術
―人間関係の誤解を解くメディエーションの極意―

定価：本体2,400円（税別）

平成24年7月26日　初版発行	
著　者	田　中　圭　子
発行者	尾　中　哲　夫

発行所　日本加除出版株式会社

本　社　郵便番号 171-8516
　　　　東京都豊島区南長崎3丁目16番6号
　　　　ＴＥＬ（03）3953-5757（代表）
　　　　　　　（03）3952-5759（編集）
　　　　ＦＡＸ（03）3951-8911
　　　　ＵＲＬ　http://www.kajo.co.jp/

営業部　郵便番号 171-8516
　　　　東京都豊島区南長崎3丁目16番6号
　　　　ＴＥＬ（03）3953-5642
　　　　ＦＡＸ（03）3953-2061

組版・印刷　㈱郁文　／　製本　牧製本印刷㈱
本文＆カバーイラスト　さぎり　／　カバーデザイン　郁文

落丁本・乱丁本は本社でお取替えいたします。
Ⓒ K. TANAKA 2012
Printed in Japan
ISBN978-4-8178-4003-5 C2032 ¥2400E

JCOPY　〈㈳出版者著作権管理機構　委託出版物〉

本書を無断で複写複製（電子化を含む）することは、著作権法上の例外を除き、禁じられています。複写される場合は、そのつど事前に㈳出版者著作権管理機構（JCOPY）の許諾を得てください。
また本書を代行業者等の第三者に依頼してスキャンやデジタル化することは、たとえ個人や家庭内での利用であっても一切認められておりません。

〈JCOPY〉　HP：http://www.jcopy.or.jp/、e-mail：info@jcopy.or.jp
　　　　　電話：03-3513-6969、FAX：03-3513-6979

「調停人は何をすればよいのか?」初任者向けにわかりやすく丁寧に解説。

解説・同席調停　その流れと技法（模擬調停DVD付）

レビン小林久子　著

A5判箱入　128頁　定価4,095円（税込）　2011年3月刊

- 押さえておくべき基本理念、用語、準備について、わかりやすく解説。
- 話し合いのスタートから和解の成立まで、調停の進め方を流れに沿って解説。
- 付属のDVDにより、本書で解説している概要や手順が実際にどう活用されているかを「見ながら」学習可能。

商品番号：40423
略　号：同席調停

Mediation Training
Practical Tips on How to Conduct Mediation

レビン小林久子　著

A5判　84頁　定価4,410円（税込）　2011年7月刊

- 『解説・同席調停 その流れと技法』の英訳版。
- DVDには英語の字幕付。

商品番号：40435
略　号：MT

「自主的な合意」を導くための実践的アプローチを示す。

新版　紛争管理論　さらなる充実と発展を求めて

レビン小林久子　訳・編

モートン・ドイッチ／ピーター・T・コールマン／エリック・C・マーカス／編

A5判　580頁　定価5,460円（税込）　2009年8月刊

- 「紛争解決」の第一人者による名著を邦訳・編纂。
- 既に調停についての基本知識を有する人のための論文集。

商品番号：40202
略　号：紛争

調停のイロハをすべて網羅した、調停実務のバイブル。

調停のプロセス　紛争解決に向けた実践的戦略

レビン小林久子　訳・編　　クリストファー・W・ムーア　著

A5判　520頁　定価4,410円（税込）　2008年3月刊

- 様々な紛争解決に対応できる、実践的な方法を解説。
- 「調停・紛争解決プロセスの全体像理解」「調停に臨むための準備」「調停手法の実践」「調停の終了と解決方法」を、具体的に明示。

商品番号：40336
略　号：調プロ

現代調停を実践するための、スキルと理念を学ぶ。

調停への誘い
紛争管理と現代調停のためのトレーニング書

レビン小林久子　著

A4判　124頁　定価2,100円（税込）　2004年7月刊

- スキルと理念を7段階に分け、場面ごとのポイントを学習可能。
- 図表を多く取り入れ、視覚的にも理解を助けるよう工夫。
- 必要なスキルを「どのような状況で、どう使うか。」について順を追って説明。

商品番号：40276
略　号：調誘

〒171-8516　東京都豊島区南長崎3丁目16番6号
日本加除出版
営業部　TEL（03）3953-5642　FAX（03）3953-2061
http://www.kajo.co.jp/